YES! UM GRITO DE FÉ

MOSTRE A DEUS UMA FÉ TEIMOSA E SUA VIDA SERÁ TRANSFORMADA!

Pe. Gilberto Heleno, SCJ

CB078065

petra

Rio de Janeiro, 2015

Direitos de edição da obra em língua portuguesa no Brasil adquiridos pela PETRA, selo da EDITORA NOVA FRONTEIRA PARTICIPAÇÕES S.A. Todos os direitos reservados. Nenhuma parte desta obra pode ser apropriada e estocada em sistema de banco de dados ou processo similar, em qualquer forma ou meio, seja eletrônico, de fotocópia, gravação etc., sem a permissão do detentor do copirraite.

CIP-BRASIL. CATALOGAÇÃO NA PUBLICAÇÃO SINDICATO NACIONAL DOS EDITORES DE LIVROS, RJ

H413y

Heleno, Gilberto Yes! Um grito de fé : mostre a Deus uma fé teimosa e sua vida será transformada! / Pe. Gilberto Heleno. - 1. ed. - Rio de Janeiro : Petra, 2015.

248 p. ; 23 cm.

ISBN 9788582780206

1. Vida cristã. 2. Deus. 3. Fé. I. T'tulo.

15-26743 CDD: 248.4
CDU: 27-584

Editora Nova Fronteira Participações S.A.
Rua Nova Jerusalém, 345 – Bonsucesso – 21042-235
Rio de Janeiro – RJ – Brasil
Tel.: (21) 3882-8200 – Fax: (21)3882-8212/8313
www.novafronteira.com.br
sac@novafronteira.com.br

PREFÁCIO

Podemos perder tudo na vida: riquezas, saúde, *status*; porém, jamais podemos perder a nossa fé, pois é ela que nos permite recomeçar. A Bíblia está cheia de exemplos e situações que mostram que as pessoas que conservam a fé em Deus, especialmente nos momentos mais difíceis da vida, são justamente aquelas que conseguem dar um novo significado a toda e qualquer situação. Exemplos? Abraão, Tobias, Rute, Jó, Maria, Pedro, Paulo e as centenas de pessoas que se encontraram com Jesus e tiveram a vida transformada, única e exclusivamente porque confiaram no Filho do Homem.

Na minha caminhada como padre, vejo a diferença que ocorre na vida das pessoas que têm uma fé firme, robusta, vigorosa. A pessoa que crê jamais desiste, pois a fé se configura como um importante componente que faz toda a diferença. Recordo-me de um pai que veio até mim chorando, desesperado, dizendo: "Padre, meu filho de 14 anos estava jogando bola e teve um AVC. Nem mesmo os médicos acreditam que ele possa sobreviver. Mas eu tenho uma fé teimosa, padre, e sei que Deus vai restaurar a vida do meu filho." E foi embora. Rezei por eles. Dali a alguns meses aquele pai apareceu de novo na minha frente, agora com seu filho, e me dizia, aliviado: "Aqui está o meu menino, padre, ninguém acreditava que ele ia se recuperar, mas eu, sim, pois em nenhum momento perdi a minha fé em Deus, acreditei até o fim. O meu filho já está até jogando futebol de novo!" E saíram felizes.

Tudo o que este livro quer mostrar é que ter fé não é se alienar, lançando mão de algo "meio mágico" para tentar resolver os problemas da vida. Nada mais falso. Aliena-se justamente quem não tem fé, vivendo na mais fria e dura objetividade do mundo. Faça a experiência, mergulhe nas promessas de Deus para a sua vida. Uma delas é quando Ele diz, por intermédio de Seu Filho: "Eu vim para que todos tenham vida, e vida em abundância." Então, o que você está esperando? Reze, tenha fé e espere, pois assim você também poderá exclamar: "Yes!", o seu grito de fé!

SUMÁRIO

1

Deus ama a cada um de nós de maneira única. Yes!

Certa vez, uma jovem de 17 anos veio conversar comigo. Ela chorava copiosamente. Em meio a lágrimas e soluços, ela tentava me dizer que, finalmente, tinha certeza de que Deus a amava muito. Aquela certeza viera de uma hora para outra. Ela estava caminhando pela rua e, de repente, se deu conta do quanto Deus a amava. A jovem contou-me que seu pai a fazia sofrer muito, igualmente a sua mãe e ao seu irmãozinho. O pai tinha vergonha da família e frequentemente os abandonava.

Enquanto ela me contava sua história, eu dizia comigo mesmo: "*Como Deus é maravilhoso!*" Ele estava curando o coração daquela adolescente de forma belíssima, pois ainda que seu pai não soubesse amar aquela família, Deus estava lhe mostrando o quanto a amava intensamente, como um Pai! Aquele sentimento era tão forte que ela simplesmente não conseguia segurar as lágrimas.

Se todas as bíblias do mundo fossem perdidas e restasse apenas uma, e ainda se esta desaparecesse e ficasse apenas uma página, e mesmo se essa página sumisse, conservando-se dela apenas uma frase, e ela fosse "Deus é amor", então toda Bíblia estaria salva, porque essa é a frase que resume toda a Escritura. Deus nos ama e ama a cada um de nós de maneira única. Ainda que você fosse a única pessoa da Terra, o amor que Deus teria por você seria o mesmo, porque Deus ama a cada pessoa individualmente. O amor de Deus é para todos, sobretudo, para cada um de nós!

Toda a vida do homem sobre a face da Terra se resume a buscar o amor. Não importa se ele finge correr atrás de sabedoria, dinheiro ou poder. O ser humano é movido pelo amor. Deus o conhece, por isso o ama tanto. Yes!

2

Deus não suja as mãos com os impuros, estes é que se tornam puros pelo toque dEle. Yes!

Nos tempos antigos, a lepra era considerada uma maldição divina e, se alguém estivesse com essa doença, era porque havia pecado e merecia ser punido. Não havia compaixão pelo leproso, pois acreditava-se que ele estava tendo o devido castigo pelo pecado.

O leproso perdia tudo, pois a Lei de Moisés dizia que ele deveria ficar afastado de todos e ser banido da cidade. Vestia trapos, seus cabelos eram desgrenhados e, a cabeça, descoberta. Não havia cuidado para suas feridas; ao contrário, ninguém deveria tocá-lo. Quem o fizesse, tornava-se também impuro. Ademais, o leproso deveria sempre gritar: "Sou impuro, sou impuro", a fim de alertar as pessoas para não se aproximarem. O leproso tornava-se uma maldição ambulante.

Pois é justamente essa pessoa que procura Jesus.

O leproso do Evangelho é uma pessoa que havia perdido tudo,

menos a fé em Deus. Ele cai de joelhos porque reconhece Jesus como Rei, como Filho de Deus, e grita: "Senhor, se queres, podes curar-me." O leproso se agarra à vontade de Deus.

Se queres.

O leproso do Evangelho sabia que o desejo de Deus é fazer o bem e promover a felicidade, e ele confia nessa santa vontade divina.

Jesus, cheio de compaixão, reconhece o sofrimento do leproso. Ele não é indiferente a sua dor! Então Jesus o toca. Que maravilha! E, quando Jesus faz isso, aos olhos da lei do seu tempo, torna-se impuro. Mas para Jesus o que importa é curar o homem (Mateus 8,1-4).

Não são as trevas que apagam a luz, mas é a luz que abate as trevas! Yes!

3

A FÉ FAZ DEUS MUDAR O FOCO. YES!

Conhecemos Deus porque Ele assim o quis. Ele se revelou. Não podemos vê-Lo porque Ele é puro Espírito. É impossível para o homem vê-Lo como vê as coisas do mundo. Deus é visto com os olhos do coração. Para vê-Lo é preciso ter fé, que nos é dada por Deus. Em *O pequeno príncipe*, de Antoine de Saint-Exupéry, há uma frase que explica isso: "O essencial é invísivel aos olhos, só se vê bem com o coração." O Deus invisível, o essencial de nossa vida, nós vemos com o coração, que é o lugar onde a fé reside.

Quando o apóstolo Pedro diz que Jesus é o Messias, o Filho do Deus vivo, ele acerta no alvo (Mateus 16,16). Em outras palavras, ele estava dizendo que Jesus é tudo; é o que dá sentido à vida, a solução para os problemas. Ele não teve medo de colocar Jesus como centro da sua vida. Pedro coloca o foco todo em Jesus. Isso é ter fé.

Certa mulher pagã queria muito a cura de sua filha, mas, naquele momento, o foco de Jesus era as ovelhas perdidas da casa de

Israel (Mateus 15,21-28). Seu olhar não estava voltado para aquela mulher, mas sua fé era tanta que ela conseguiu mudar o foco de Jesus e receber a cura que tanto queria para sua filha. Não coloque o foco no mundo, mas, sim, em Jesus. É preciso fé para conseguir mudar o foco de Deus.

Para mudar para melhor a história que o mundo reservou para nós, é preciso ter fé. Então, quem tem fé tem também o poder de reescrever sua história. Yes!

4

TER FÉ É ACREDITAR QUE DEUS FAZ O IMPOSSÍVEL ACONTECER. YES!

Não podemos permitir que nossa fé seja contaminada pela dúvida. Santa Tereza D'Ávila, quando enfrentava crises de fé, entoava canções de encorajamento. Ter fé é querer acreditar, é colocar o pé no primeiro degrau da escada, ainda que não a vejamos por inteiro.

A falta de fé soa como uma orquestra com todos os instrumentos desferindo notas melódicas belíssimas, composta de músicos talentosos tocando para alguém que é surdo. No nosso mundo não há fadas ou magia, tampouco varinhas de condão. Para torná-lo colorido, contamos com a nossa fé, que muda e transforma o mundo e a nossa maneira de olhar para a existência. Devemos sempre fazer uma leitura da vida a partir da luz de Deus, e não a partir das trevas do Inimigo; reler a vida não a partir das derrotas, mas das vitórias que já obtivemos.

Nossa fé move o coração de Deus. Há aqueles que gostariam de guardar todo o dinheiro que possuem só para ter a sensação de estar seguro. Mas a vida humana é extremamente insegura. Não existem apólices que possam convencê-lo de que está seguro. Não existe nada na Terra que nos ofereça segurança total. Qual a resposta para tão grande precariedade? A fé! Devemos ter fé em uma realidade que não é insegura, não é acidental e não passa. E a essa realidade nós damos um nome: Deus.

Quem já se conformou com a sua realidade não precisa ter fé. A fé é para os inconformados, para quem quer mudanças! Yes!

5

DEUS TIROU VOCÊ DO NADA E LHE DEU A VIDA. ELE É O SEU PATROCINADOR. VOCÊ É UM MILAGRE AMBULANTE. YES!

Um cego mostrou a Jesus uma fé que suplica, pede, implora e grita em público, ou seja, uma fé que não se envergonha. As pessoas queriam impedir o cego de gritar, mas ele teimava, gritava ainda mais alto, pois não se intimidava ao se reconhecer necessitado do poder divino. Seu grande trunfo era algo irresistível para Deus: um coração cheio de fé.

E, quando Jesus age libertando o homem da cegueira, vemos ali a ação de Deus. Ao devolver a vista a Bartimeu, Jesus faz um grande milagre a partir do improvável. O simples fato de estarmos vivos já é um milagre. Aproxime sua mão do coração e sinta as batidas dele: você está vivo, e isso é um milagre. Havia um tempo em que você não existia, e, do nada, passou a existir. Maravilha!

A intervenção de Jesus faz com que o impossível de Deus aconteça na vida do cego. Assim que ouviu Jesus chamando, ele jogou fora o manto que o cobria e foi até Jesus. Jogar fora o manto significa renegar a vida na cegueira e reconhecer o poder de Deus. Aquele homem queria uma vida nova, por isso ele trocou o manto da mendicância pelo manto do poder de Deus. Bartimeu, quando estava no caminho sem Jesus, era cego, estava nas trevas, mas, quando recuperou a visão ao encontrar Jesus no caminho, voltou para a luz, para a fé e para a felicidade (Marcos 10,46-52).

Tenhamos a força de jogar fora o manto da dúvida para que possamos reagir como o ex-cego, pulando alto, donos de uma fé sem limites.

6

Por mais incrível que pareça, realizar o sonho de Deus está em nossas mãos. Yes!

Deus tinha um sonho: criar um mundo perfeito como um jardim florido. Criou o Paraíso e lhe deu o nome de Éden. Ali colocou o homem e a mulher para que O amassem e Lhe fizessem companhia. Porém, em determinado momento, o Inimigo colocou o orgulho no coração do homem, e este quis ser como Deus, versado no bem e no mal, e então Adão se rebelou contra Deus.

Mas Deus não desiste do Seu sonho e tenta realizá-lo mais uma vez enviando ao mundo Seu Filho. Jesus reconstruiria a ponte entre o divino e o humano, tornando possível o sonho de Deus para a humanidade. No entanto, o Filho único de Deus morre em uma cruz, a morte mais escandalosa que poderia existir... Mas Deus realiza um bem ainda maior: Ele ressuscita Jesus.

Deus jamais se cansa de sonhar com um mundo melhor para o homem. Por isso, envia o Espírito Santo para auxiliá-lo a encontrar o caminho certo da paz, da justiça, do perdão e do amor. Portanto, realizar o sonho de Deus está agora nas mãos do homem. Quando fazemos nossa parte, alcançamos uma vida ética, honesta, respeitosa com o próximo e com Deus.

Se luto pela paz e pela justiça, então, de certa maneira, eu estou ajudando Deus a realizar Seu sonho! Veja a que conclusão fantástica chegamos: realizar o sonho de Deus está em nossas mãos.

Um mundo melhor é o sonho de Deus. E Ele vai realizá-lo. Yes!

7

Ter os nossos sonhos realizados está nas mãos de Deus. Yes!

Assim como realizar o sonho de Deus está em nossas mãos, realizar os nossos sonhos está nas mãos dEle. E qual é o segredo para realizar nossos sonhos? Colocar neles o nosso coração.

Às vezes, nos parece que, se Deus tivesse pensado mais um pouquinho, jamais teria criado o mundo. Certamente a razão divina não falou mais alto, mas sim o divino coração. Devemos recordar sempre que Deus se move não pela razão, mas pelo coração.

O sonho de uma humanidade feliz está no coração de Deus. E Ele vai realizá-lo! E quais são os seus sonhos? Coloque neles o seu coração. Onde estiver seu tesouro ali estará seu coração. Seu sonho é ter uma boa saúde? Sonha com uma vida financeira mais confortável? Sonha com a paz na sua família? Trabalhe seu sonho com o seu coração, e não com a sua razão.

O coração é a sede dos nossos sentimentos e a força que nos move. Se os dois pilares que definem o ser humano são a razão e o coração, mas me deixo conduzir pelo coração, eu vou além. A razão nos freia, o coração nos impele. A razão nos delimita, o coração nos expande.

Quando coloco meu coração como principal instrumento para realizar meus sonhos, na verdade, estou apostando na fé, pois deposito meus sonhos nas mãos de Deus na certeza de que Ele irá realizá-los.

A fé remove não só montanhas, mas também tudo aquilo que não nos permite realizar nossos sonhos.

8

O MEU LUGAR É O CENTRO DO MEU MUNDO. YES!

A humildade fortifica a alma e o espírito. O humilde reconhece seu lugar no mundo. Devemos fazer uma avaliação realista da nossa importância relativa, sem nos esquecer, contudo, da nossa importância absoluta. Todos nós somos importantes, pois somos todos filhos de Deus, que nos ama igualmente. Porém, temos uma importância relativa, e é essa que nós devemos administrar. Saber que somos relativamente importantes é saber reconhecer nosso lugar. Jesus conta, numa parábola, que certo homem de coração soberbo chegou a uma festa e foi logo pegando o primeiro assento, porém, foi convidado a sair, pois aquele lugar não era dele (Lucas 14,7-11).

É libertador saber que nosso lugar é o centro do nosso mundo. Se eu estou em um lugar que não é meu, no qual eu não me sinto confortável, então ele não é para mim. Mas, a partir do momento em que estou no meu lugar, ali é o centro do mundo para mim, e a partir dele eu posso crescer.

Há uma história, que nos serve de ilustração, que nos diz que o diabo mandou seu sobrinho à Terra para tentar um jovem que queria se converter e descobrir o valor da humildade. Ao mandar o sobrinho, ele deu algumas instruções: "Faça este jovem notar que ele já é humilde, porque se alguém se julga humilde, esse alguém já não o é mais, pois se orgulha da própria humildade. Se isso não der certo, confunda sua cabeça de forma que ele acredite ser uma vítima e que todas as suas qualidades, na verdade, são defeitos. Assim ele será nosso de novo."

É muito tênue a linha que separa a humildade do complexo de inferioridade, por isso ela é uma virtude difícil de ser conquistada. No entanto, é uma condição fundamental para que tenhamos uma alma que não se curva ao sabor das inconstâncias do mundo.

A partir do momento em que estou no meu lugar, ali é o centro do mundo para mim, e a partir dele eu posso crescer.

9

Deus é o meu parceiro. Yes!

Quando Jesus forma um grupo numeroso de homens e mulheres para ajudá-Lo em Sua missão, enviando-os para preparar os lugares que Ele irá visitar, Jesus está fazendo uma parceria com essas pessoas. O que significa aqui a palavra "parceria"? Significa fazer algo junto. Jesus poderia, mas não queria trabalhar sozinho. Convocou homens e mulheres para ajudá-Lo a implantar o Reino de Deus. Há um mistério nisso: Deus pode fazer tudo sozinho, sendo Ele onipotente, mas Ele não quer. Ele quer contar com a nossa ajuda. A parceria está estabelecida!

Parceiro, cúmplice, sócio: Deus é assim. Imagine se você faz um contrato para abrir um negócio e tem Deus como seu sócio... Essa empresa jamais quebraria. Não por sua causa, mas por causa de Deus, pois ele simplesmente pode tudo. Um grande empresário brasileiro, depois de ter sido considerado um dos homens mais ricos do mundo, viu suas empresas desmoronarem. Seus sócios o abandonaram e apareceram os credores. Se colocamos Deus como sócio, nossa vida jamais irá à falência, pois Ele não nos abandona nos momentos difíceis. Imagine uma empresa com seu nome, o nome de Deus e no final escrito Cia LTDA? Uma empresa com essa composição societária é sucesso na certa.

Um famoso jogador de futebol que se mudou para a Espanha se viu forçado a ficar sem seus parceiros que permaneceram no Brasil. Tempos depois, ele recebeu a visita deles e, pelas fotos que a mídia publicou, eram sorrisos para todos os lados e muita conversa sendo colocada em dia. Assim também deve ser nossa parceria com Deus: muita conversa para colocar em dia. A única diferença é que Deus, nosso parceiro, está sempre conosco, não muda jamais. Além de parceiro, Ele também é cúmplice.

Deus é nosso parceiro, cúmplice e sócio.

10

EU NÃO CAIO NA "SÍNDROME VVPM": VIVER A VIDA PELA METADE. YES!

Jesus fala sobre uma vida plena na parábola do semeador, em que trata das sementes que prosperam e frutificam, e das sementes que não dão frutos (Mateus 13,1-23). Ser alguém que prospera é ser alguém que se recusa a viver uma vida pela metade e realiza todo o potencial da semente que é. Uma semente de laranja fornece laranja; sementes de maçã fornecem maçãs; uma semente de Deus, que somos nós, também precisa frutificar para que não a sufoquemos em nós.

Para que nossa semente frutifique, precisamos viver plenamente e nos afastar da síndrome de VVPM — Viver a Vida Pela Metade. Ela começa quando supervalorizamos tudo aquilo que é acessório e nos desviamos daquilo que é essencial e que realmente vale a pena. VVPM é dizer "sim" para todo mundo e "não" para si mesmo, esquecendo-se de que, se você diz "não" a si mesmo, é impossível que aquele "sim" que diz para os outros seja verdadeiro. Porém, dizer sempre "não" para todo mundo e apenas "sim" para você também é um sintoma de VVPM, pois promove o egoísmo. Ser uma semente que dá frutos é dizer "sim" quando se deve dizer "sim", e "não" quando se deve dizer "não", pois é o melhor caminho para uma vida bem-sucedida.

Existe dentro de cada um de nós uma força chamada *conatus*. Essa é uma palavra que vem do latim e significa impulso, esforço. A ideia é justamente esta: assim como uma semente traz dentro de si uma força para brotar, para sair da terra, para ver a luz, nós também temos essa força em nós para realizar, para construir coisas boas e para vencer. Essa é uma lei da realidade, do mundo em que vivemos. Há os que a chamam de *conatus*; nós, todavia, a chamamos de "graça de Deus". Aqui está a semente que brota, a semente que dá frutos.

Assim como uma semente traz dentro de si uma força para brotar, sair da terra e ver a luz, nós também temos essa força em nós para realizar, para construir coisas boas e para vencer.

11

TER CORAGEM É SABER APRECIAR A VIDA APESAR DO PERIGO QUE ELA É. YES!

Jesus e Seus discípulos sofreram uma severa perseguição por parte dos fariseus. Certamente, os discípulos temiam por si e por sua família. O medo faz parte da condição humana e atua como um mecanismo de defesa, pois nos obriga a avaliar as situações que vivemos e a tomarmos a melhor decisão para nós. No entanto, há aquele medo que nos imobiliza e nos impede de dar mais um passo. Aquele que nos impossibilita de sair de casa, que nos faz ver em cada pessoa um inimigo ou alguém que deseja nos fazer mal. Esse medo absoluto é diabólico porque nos impede de ver em Deus o nosso Protetor e Salvador. O remédio para ele é entregar a vida nas mãos de Deus e prosseguir. O medo diabólico mata a alma, e, sem alma ou com uma alma fraca, não vamos a lugar algum.

Quando Jesus diz aos discípulos "não tenham medo", o que ele realmente está dizendo é: "Tenham coragem" (Mateus 14,25-27). A coragem é uma importante virtude a qual devemos fazer o possível para adquirir e manter. O homem medroso senta-se e chora. O homem corajoso levanta-se e age. O medo imobiliza. A coragem faz agir.

A palavra "coragem" origina-se da palavra latina *coraticum*, que é a raiz da palavra "coração". Daí *cor* age, ou seja, o coração que age. Mas o que se deve colocar em ação? O coração e a alma. Por isso não posso deixar nada e nem ninguém matar minha coragem, pois assim o fazendo estará matando minha alma. Ter coragem é saber encontrar, no fundo da nossa alma, forças que mal sabíamos que tínhamos. A coragem é a chave que abre as portas da alma para continuarmos lutando e acreditando. Como é triste encontrar alguém que diante de um problema na vida perde a coragem. Quem a perdeu, perdeu tudo.

Ter coragem não significa não ter medo, mas conviver com ele e controlá-lo, confiando em Deus.

12

Deus é nosso descanso, nosso oásis, nosso porto seguro. Yes!

Em várias partes do Evangelho, Jesus se apresenta como nosso oásis, nosso porto seguro. O próprio Senhor nos sugere isso em uma das mais belas afirmações, na minha opinião, feitas por Ele: "Vinde a mim todos vós que estais cansados e fatigados sob o peso dos vossos fardos, e eu vos darei descanso. Tomai sobre vós o meu jugo e aprendei de mim, porque sou manso e humilde de coração, e vós encontrareis descanso para as vossas almas. Pois o meu jugo é suave e o meu fardo é leve" (Mateus 11,28-30). Deus é a única resposta para nossa vida, não há outra.

Neste terceiro milênio, o ser humano experimenta um enorme progresso, principalmente na área tecnológica. As distâncias foram encurtadas e hoje se sabe de tudo no chamado "tempo real". Mas, apesar de toda essa inteligência, o ser humano não é Deus. Mesmo com toda a tecnologia, somos muito frágeis, precários e falíveis. Temos data de validade. A existência humana é complicada, mas ao mesmo tempo muito preciosa. Ser humano significa ser frágil. Humano vem de *humus*, barro. O barro não resiste ao contato com a água. Desfaz-se na hora. Nós somos assim. A solução? Jesus, o Filho de Deus, que deixou o Céu para vir à Terra e se apresenta como descanso, oásis, porto seguro para cada um de nós.

Se não entendemos que qualquer resposta para nossa vida passa pela ação e graça de Deus, então ainda não conseguimos entender sobre o que é a vida.

13

O nosso Deus tem coração. Yes!

Nosso Deus não é um Deus indiferente: Ele tem um coração que bate forte de amor por todos nós. Podemos ver três momentos marcantes do coração de Deus.

O primeiro momento é quando o coração de Deus começa a bater pela humanidade, ainda no ventre de Maria. Isso acontece por volta do quadragésimo dia de gestação, quando o coração, ainda pequeno, passa a bombear sangue para todo o corpo. É um momento de pura *vida*, em que Deus não deixa dúvidas: Ele está do nosso lado. Seu coração começa a bater de amor por cada um de nós. O coração que começa a bater é a prova cabal de que Deus jamais se esquece de nós. Seu projeto salvador começa a nascer nas batidas de um coração de bebê.

O segundo grande momento é quando o coração de Jesus para de bater, na Cruz. É um instante de dura *morte*, de fragilidade de um Deus que se fez fraco para nos fortalecer. Por amor a nós, Deus comete uma violência contra Si mesmo, pois a morte de Deus é uma flagrante contradição. Com Sua humilhação, Ele nos mostra o quanto é forte Seu amor por nós. É um Deus capaz de tudo para nos conquistar. Mas, se tudo terminasse no coração morto de um Deus pregado na Cruz, seríamos dignos de pena. Seria um sinal eloquente de que o mal vence o bem e dá a última palavra na realidade da vida.

O terceiro grande momento acontece quando o coração de Jesus vence a lança do pecado e, recomeçando a bater pela humanidade três dias depois de Sua morte, inaugura o tempo da misericórdia. Deus nos dá mais uma chance. A vida vence a morte. A misericórdia é tão grande que até aqueles que pregaram o Senhor na Cruz e transpassaram seu corpo com uma lança estão salvos no Céu, mostrando-nos até onde chega a misericórdia de Deus.

Ninguém pode dizer: "Eu estou só na minha dor." Não é verdade. Temos um Deus que tem coração. Um coração que no Céu bate de amor por cada um de nós.

14

O NOSSO MUNDO É O MELHOR POSSÍVEL. YES!

Na parábola em que Jesus trata do homem que permite que o joio e o trigo cresçam juntos em seu campo, Ele procura explicar a presença do bem e do mal no mundo (Mateus 13,24-30,36-43). O joio é a praga que pode acabar com todo o trigo e fazer até mesmo o terreno perder nutrientes. Por que o dono do campo permite que o joio cresça junto com o trigo? Ou, por que Deus permite que no mundo estejam presentes o mal e a dor? O sofrimento humano interroga o amor e a onipotência de Deus. Alguns chegam a dizer: "Ou Deus é amor, mas não é onipotente, pois não consegue tirar o sofrimento do mundo; ou Deus é onipotente, mas não nos ama, porque nos permite sofrer."

Muitos tentaram dar uma resposta a esse enigma do mal. Um deles foi Leibniz,[1] que dizia que o nosso é o melhor mundo possível. Ele conta a história do Palácio dos Destinos, onde cada apartamento representa um mundo possível. Existem tantas possibilidades de mundos, e basta que dois mundos se diferenciem por um pequeníssimo detalhe para que se configurem como dois mundos possíveis. Os apartamentos são colocados de forma piramidal e o último apartamento é o melhor de todos, pois é aquele que guarda o melhor dos mundos possíveis. Na hipótese de Leibniz, o mundo que habitamos, criado por Deus, é o melhor mundo possível, e, na metáfora que ele faz, seria então o último apartamento, o melhor de todos. O nosso é um mundo que, no seu complexo, contém o máximo de bem e o mínimo de mal para todos. O nosso mundo é a soma de felicidade possível, ainda que nele habite o mal. Não há como conceber no plano material um mundo onde exista apenas o bem, pois só podemos ter a ideia de bem juntamente com a ideia de mal. O mundo em que vivemos é o melhor, menos do que isso ou mais do que isso e não teríamos um mundo, mas o caos.

O nosso mundo é o mundo do joio e do trigo, do bem e do mal. Mas, ainda assim, dados a onipotência e o amor de Deus, é o melhor mundo possível!

O mal não tem substância em si mesmo, não tem existência autônoma; é como se dependesse do bem para existir, ou seja, a força do mal não resiste à força do bem!

15

DEUS ALIVIA O PESO DA NOSSA CRUZ AJUDANDO-NOS A CARREGÁ-LA. YES!

Admiro as pessoas que passam por uma tormenta com a cabeça erguida, que levam sua Cruz com dignidade (daí que nasce a força delas?). Pessoas que não se passam por vítimas às portas da depressão, e não se entregam ao desespero ao se depararem com dor ou sofrimento. Admiro pessoas que não se rendem, caminham firme e levam toda a família adiante. Admiro pessoas que sabem que não podem parar porque a vida segue independentemente das Cruzes que carregamos!

Essas pessoas já perceberam que para algumas situações-limite da vida, quando tudo parece ruir, quando o chão parece faltar sob os pés e o teto parece estar prestes a cair sobre a cabeça, restam somente a fé e a confiança em Deus. Quando o mal parece dominar, elas mantêm no coração a certeza de que Deus está no comando do barco, em meio às tempestades. Conservam a firme convicção de que as forças do bem são mais resistentes que as do mal. Enfim, convencem-se de que o sofrimento é apenas uma vírgula na existência humana. Sabem que o ponto final quem coloca é Deus, o sumo Bem, com Sua providente misericórdia.

Um soldado nazista perguntava zombeteiro a um prisioneiro onde estava o seu Deus, já que dali a pouco ele seria enforcado. O prisioneiro responde: "Está ali, na forca, esperando para ser enforcado junto comigo."

16

NÃO ENTERRE OS SEUS TALENTOS: MULTIPLIQUE-OS. YES!

Na parábola de Jesus sobre os talentos,* o homem que os recebeu e os enterrou também trabalhou, mas trabalhou errado (Mateus 25,14-29). Em vez de gastar energia para multiplicá-los, ele a gastou para enterrá-los. O mesmo acontece conosco: quanta energia gastamos para enterrar coisas! Quanta energia gastamos para fazer a coisa errada! Quanta força gastamos para esconder os dons que Deus nos deu! Em vez de trabalharmos a nosso favor, trabalhamos contra nós mesmos!

Não use sua energia para enterrar seu casamento, mas para multiplicar a satisfação nele. Não use sua energia para enterrar sua família, trabalhe para que ela seja unida. Não use sua energia para enterrar suas amizades, mas procure multiplicá-las.

---

* Unidade de medida.

Ao nascer, trazemos conosco toda a potencialidade para realizar e não sabotar o belíssimo projeto de Deus que nós somos. Cada um de nós tem todas as possibilidades para realizar ao máximo aquilo que se é. Tanto um barril quanto um copo ou uma xícara podem estar completamente cheios, independentemente do seu tamanho. Ou seja, não importa nosso tamanho, podemos realizar toda a nossa capacidade! Vale para o barril, para o copo, para a xícara. E vale para nós.

Independentemente do meu tamanho ou da minha situação de vida, eu posso me realizar completamente, realizar toda a minha potência multiplicando os dons e talentos que Deus me deu. Multiplicá-los, não os enterrar. A mensagem é clara: multiplique os seus dons! Arrisque-se! Mova-se!

17

O MELHOR PARA A MINHA VIDA ACONTECE NO TEMPO DE DEUS. YES!

O tempo de Deus pode, às vezes, coincidir com o nosso, mas precisamos saber que tudo aquilo que é fundamental para nós acontece no tempo de Deus, e não no nosso. Nossa fé precisa se alinhar à lógica e ao tempo de Deus. Podemos pedir e insistir, mas devemos saber que quem abre a porta não somos nós, mas Deus. O poder é dEle. Não posso criar um Deus à minha medida, do meu tamanho e com as minhas expectativas. Ele é maior que tudo aquilo que eu possa pensar.

Foi no tempo dEle que nos mandou Seu Filho amado. É maravilhoso saber que, em determinada altura, Deus-Pai olha para a humanidade e sente uma imensa compaixão. Como o sonho divino do Paraíso terrestre com Adão e Eva não se realizou, Ele quer refazer a aliança conosco. Para isso envia à Terra o próprio Filho, o único, Seu bem mais precioso. Dando-nos Seu Filho, Deus nos dá a Si mesmo, afinal, o Filho é como se fosse um pedaço do Pai.

Vejam como é maravilhoso o nosso Deus: Ele se arrisca, não economiza, se compromete e tem compaixão. Emanuel, Deus conosco. Yes!

Enviando Seu Filho à Terra, Deus prova que redefine incessantemente o impossível.

18

A Cruz é o sinal da nossa vitória. Yes!

Certa vez, uma agência de marketing apresentou para um padre uma proposta para arrebanhar mais fiéis: tirar a cruz da igreja. Segundo a agência, as pessoas não suportam mais a ideia de sofrimento e se afastam quando isso é apresentado. O que ela não sabia é que a Cruz, o sofrimento, é condição essencial para a identidade cristã.

No entanto, o mundo de hoje prega o máximo conforto. A etimologia da palavra "conforto" nos remete para o significado "estar com os fortes". Se eu estou com os fortes, é porque eu sou fraco. Portanto, o sacrifício nos fortalece e o conforto nos deixa fracos. A borboleta só é borboleta porque, quando lagarta, passou pelo sacrifício de sair do casulo. O pintinho só vem à vida porque passa pelo sacrifício de romper a casca do ovo. Essa é a condição.

Conta-se que o imperador Constantino, em 312 da nossa era, enfrentava uma grande batalha para conquistar o Império Romano do

Ocidente. Para tanto, ele deveria conquistar Roma, pois ali estava o imperador Maxêncio, que perseguia os cristãos. Constantino estava agoniado, pois seu exército era bem menor do que o de Maxêncio. Certa noite, ele teve um sonho: apareceu-lhe a Cruz e uma voz que dizia "Com este sinal, vencerás". Constantino mandou então pintar o sinal da Cruz em todos os escudos dos soldados. Assim, venceu a guerra e proibiu a perseguição aos cristãos em todo o império.

> Em um mundo que promove todos os tipos de prazeres, em vez de abandonarmos a ideia de Cruz como sacrifício, precisamos, sim, resgatá-la.

19

Renunciar às ilusões e aceitar a realidade da vida: eis o segredo para alcançar serenidade e sanidade mental. Yes!

A mídia e a publicidade realizam um trabalho intenso para iludir o ser humano. A cada momento somos convencidos de que podemos ser o Super-homem ou a Mulher-maravilha; ter uma família completamente feliz e alcançar o sucesso financeiro. Enfim, a mensagem que ouvimos todos os dias é que podemos ser imbatíveis e imortais. Sabemos que isso é um engano, mas é essa máquina potente de vender enganos e ilusões que faz o mundo funcionar.

Ficamos iludidos pensando que todo o bem material que pudermos consumir será capaz de preencher o vazio que está em nosso coração, e não será. Somos iludidos com ideias de um casamento maravilhoso e uma família perfeita. Iludimo-nos pensando que teremos amigos perfeitamente fiéis; no entanto, se amamos alguém, precisamos nos preparar para a decepção, pois o ser humano não é perfeito. Pensamos que apenas com esforço, garra e confiança próprios venceremos; porém, tudo pode acabar de um momento para o outro.

É fundamental renunciar às ilusões que o mundo coloca em nosso coração. Viver é para os fortes. Por isso, não podemos viver nos lamentando e sendo vítimas. Precisamos voltar a ser nós mesmos, vivendo uma vida o mais autêntica possível.

É preciso arrancar a máscara e viver com coragem aquilo que somos.

20

A MINHA FELICIDADE SÓ PODE DEPENDER DE MIM E DE DEUS. ASSIM, NINGUÉM PODERÁ ROUBÁ-LA DE MIM. YES!

No funeral do líder sul-africano Nelson Mandela, o mundo inteiro ficou surpreso com a atitude dos africanos, porque mesmo em meio à dor de perderem seu líder, eles cantavam, dançavam e batiam tambores. Alguém perguntou: “De onde vem toda essa felicidade?” E a resposta foi: “Depois de tudo aquilo que nós sofremos, tudo aquilo por que já passamos, descobrimos que a nossa felicidade não pode depender de nada externo, mas ela é cultivada a partir do nosso interior, assim ninguém poderá tirá-la de nós.”

O que fazer para a felicidade virar rotina? Primeiramente, entender que existe diferença entre alegria e felicidade. A alegria é a porta para a felicidade. A alegria é momento, a felicidade é um estado. Pode-se estar alegre e não ser feliz! Porém, toda pessoa feliz é alegre.

A alegria depende de momentos, de fatos e de ocorrências externas, acontecendo de fora para dentro. Já a felicidade é um estado de espírito que construímos de dentro para fora, partindo da certeza de saber que somos amado por Deus e que nossa vida não é um mero acaso, mas o sonho de Deus se realizando em nós. Portanto, a minha felicidade só pode depender de mim e de Deus. Ninguém pode roubá-la de mim. Não sou refém dos humores do outro, sou livre e feliz.

A alegria nos ajuda a construir um estado de felicidade em nosso coração para que, nas adversidades e momentos difíceis da vida, possamos não perder a esperança, a coragem e a força para superar os obstáculos. Há pessoas para as quais basta perguntarmos um simples "Tudo bem?" para que caia sobre nós toda sorte de histórias tristes e desgraças. Devemos aprender a guardar para nós as Cruzes e partilhar nossa felicidade, não o contrário.

Mostre ao mundo alegria, sorriso, felicidade e sucesso, e não mau humor, azedume e derrota. Nossas Cruzes entregamos a Deus; aos outros entregamos nosso melhor sorriso.

21

Eu amo a minha família. Yes!

O poeta Fernando Pessoa, sob o heterônimo de Alberto Caieiro, no poema XX de *O guardador de rebanhos*, diz que o Tejo, um rio de Portugal, é mais belo que o rio que passa pela sua aldeia. Logo em seguida, diz que o Tejo não é mais belo que o rio que passa pela sua aldeia, pois, conclui, o Tejo não é o rio que passa pela sua aldeia.

A mensagem é clara: precisamos valorizar aquilo que é nosso e não nos preocupar com a grama verde do quintal da casa do vizinho. Há algo que é fundamental para o nosso bem-estar: a harmonia em nossa família. Para vivermos bem em família é necessário aceitá-la como ela é. Claro, devemos tentar uma mudança caso algo não esteja bem, mas temos que saber, sobretudo, que essa mudança deve partir de nós, e não do outro. Devo aceitar minha família como ela é porque família não se escolhe. A família é o único grupo realmente permanente em nossa vida; os demais são sempre temporários. Família existe para proteger e amar seus componentes. Decidir pelo outro quando ele não pode mais decidir. Encorajar, animar, chamar a atenção e amar.

Sua família pode não ser perfeita, mas é a *sua* família. Agradeça a Deus por tê-la e peça sempre por ela!

22

Deus não é burocrata. Yes!

Jesus tratou um cego com amor desde o primeiro momento em que o viu, já os fariseus trataram o mesmo cego com arrogância. Com essa atitude, Jesus promovia a graça de Deus contra a burocracia da fé (São João 9,1-34).

Graça de Deus porque Jesus deu ao cego a cura de sua cegueira de forma totalmente gratuita. Jesus operou aquela cura como só Deus faz. Muito diferente da burocracia dos fariseus, que o impedia de mergulhar na graça de Deus e ser curado.

Deus não é burocrata. Ele se dá a todo momento na liberdade do Espírito Santo. Jesus lavou o coração do cego na misericórdia de Deus, e ele viu a luz! Permita que o Senhor lave seu coração também, aproximando-se da misericórdia de Deus. Somente com o coração limpo pela misericórdia divina é possível vislumbrar a luz.

Deus jamais se cansa de nos perdoar, de nos mostrar Sua misericórdia e de lavar nosso coração!

23

Põe quanto és no mínimo que fazes. Yes!

Um fariseu convidou Jesus para jantar. Ele foi gentil ao fazer o convite, porém não foi verdadeiro com o Senhor: na frente de Jesus ele se comportava de uma maneira; quando o Senhor dava as costas, de outra. Era mais um caso da típica hipocrisia farisaica que tanto entristecia Jesus (São Lucas 7,36-50).

Aquele comportamento impediu o fariseu de estar "por inteiro" com Jesus, não obstante sua boa vontade em recebê-Lo em sua casa. Ele simplesmente deixou passar a oportunidade de ter a vida transformada por Jesus. Recebeu um bilhete premiado e jogou fora!

É preciso estar inteiro em tudo o que se faz, especialmente na nossa relação com Deus. Não se entregue à fragmentação. Não se despedace. Procure estar em sua plenitude na presença de Deus, com o próximo e com você mesmo!

Uma pessoa que sente o seu interior fragmentado dificilmente chegará a algum lugar. Deus nos quer inteiros e completos.

24

Deus é Pai. Yes!

Uma criança estava presa no segundo andar de um prédio em chamas, mas, se pulasse, poderia ser salva. Os bombeiros gritavam para ela pular, mas a criança nada fazia. Sua mãe implorava para que pulasse, mas ela não obedecia. Depois, as pessoas começaram a pedir para ela pular, e nada. A criança se limitava a dizer: "Tenho medo." Em certo momento, seu pai apareceu, abriu os braços e disse: "Pula, filho!" E a criança pulou. Curiosas, as pessoas perguntaram: "Por que você pulou somente depois que seu pai lhe pediu?", ao que o pequeno respondeu: "Eram os braços do meu pai!"

Com Deus funciona da mesma maneira. Ele é nosso Pai generoso. Jesus nos mostrou que Deus tem o rosto misericordioso de um pai. Não espere as chamas consumirem o prédio da sua vida para só então pular nos braços de Deus. Pule agora, com toda segurança, e Ele irá ampará-lo, segurá-lo com os braços fortes, assim como um pai amoroso ampara seu filho.

Nos Evangelhos, Jesus afirma: "Ninguém conhece o Filho senão o Pai, e ninguém conhece o Pai senão o Filho" (Lucas 10,22). Existe um sentimento inquebrantável que Os une, que é o amor. Assim deve ser sua relação de filho com Deus, que é Pai: inquebrantável.

Perca-se no amor firme e forte que só um pai é capaz de dar.

Enriqueça sua relação com Deus por meio da cumplicidade e da intimidade: uma relação verdadeira entre pai e filho é assim.

25

A verdadeira normalidade da vida não depende de mim; depende de Deus. Yes!

Estamos vivendo uma época do predomínio da falsa normalidade, que leva ao conformismo e que aos poucos vai tirando o sabor da vida, pois tudo fica muito previsível. Somos como o sapo na panela: ele não pula fora d'água, que vai ficando quente, pois acostuma-se com a temperatura e fica lá até morrer.

Você deve estar se perguntando: "Como eu faço para me curar da síndrome da falsa normalidade?" Saiba que, em nossa vida, se não for por Deus, nada fica de pé. Se seguimos nossa existência sem Deus, colocando-O em segundo plano, tudo parece (falsamente) normal. Se pensarmos que está tudo bem, ficamos desprevenidos, e então vem o dilúvio e nos arrasta. Sair da falsa normalidade é saber que tudo em nossa vida depende de Deus. A verdadeira normalidade está nEle. É Ele que coloca cada coisa em seu lugar e não deixa minha vida virar um caos!

A verdadeira normalidade da vida não depende de nós: depende de Deus. A normalidade da nossa vida devemos a Deus.

26

Alguns têm sorte; outros têm anjo da guarda. A sorte passa, o anjo está sempre lá. Yes!

Há uma bela história na Bíblia que trata do vínculo do jovem Tobias com o anjo da guarda que Deus colocou em seu caminho. Tobias estava prestes a começar uma grande e arriscada viagem, correndo o risco de sucumbir se confiasse apenas nas próprias forças. Mas Tobit, pai de Tobias, era um homem de muita fé. E desde muito cedo ensinara o filho a confiar inteiramente em Deus. Por isso, quando o anjo surge oferecendo-se para acompanhar seu filho em seu arriscado percurso, ele se abre à sabedoria, à ação e à presença divina do anjo Rafael em sua vida. E tudo dá certo.

Nosso mundo é povoado por anjos, uma multidão deles! Eles são seres invisíveis e a fé é o meio pelo qual se manifestam na vida de cada pessoa. É preciso ter fé para sentir o anjo caminhando com você.

Infelizmente, com a vida moderna, as pessoas têm dificuldades para acreditar na existência de um ente puramente espiritual e inverificável.

Joseph Ratzinger, Papa emérito, destaca:[2]

> Cada jovem é ladeado por um anjo como protetor e pastor para conduzi-lo à vida. Entre Deus e o jovem não existe silêncio e incomunicabilidade, mas diálogo contínuo, comunicação incessante. E o jovem deve afinar o seu ouvido espiritual para ouvir e compreender a língua do seu anjo, que sugere palavras boas, sentimentos santos, ações misteriosas, comportamentos caritativos, relações edificantes.

A ajuda do anjo da guarda é poderosa e misteriosa!

27

Mantenha o equilíbrio nas possibilidades que a vida lhe dá; assim, verá que é possível...Yes!

Alguns peregrinos admiravam o templo de Jerusalém, sua beleza e suas pedrarias. Jesus então fala bem diretamente: "Dias virão em que destas coisas que vedes não ficará pedra sobre pedra: tudo será destruído." (Lucas 21,6) Com essa fala, Jesus tocou em uma característica fundamental da condição humana: na vida, tudo passa. Pessoas, casas, ideias, natureza... nada permanece. O remédio para tanta efemeridade é o poder da fé.

A fé não foi feita para um mundo de certezas, mas para um mundo cheio de fragilidades. Se você vive em um mundo de certezas, jogue fora sua fé porque não precisará dela. Mas se seu mundo é frágil, então você deve fortalecer cada vez mais sua fé em Deus como a única solução para nossa fragilidade.

Há uma cena no filme *Sociedade dos poetas mortos* na qual o professor leva os alunos a uma sala em que estão fotos antigas de ex-alunos. Ali havia a imagem de pessoas que sonhavam, choravam, sorriam, amavam, mas que naquele momento não estavam mais ali. Todas haviam passado. E essa é uma condição humana.

Você pode se perguntar: "Mas então vale a pena viver?" Vale! Porque a outra opção é o nada, o não viver. Ao aceitar as regras da condição humana, temos a oportunidade de passar pela incrível experiência da existência.

Deus não impedirá que algumas coisas quebrem em sua vida, mas Ele certamente ajudará você a catar os cacos.

28

FÉ E INSISTÊNCIA SEMPRE ANDAM JUNTAS. YES!

Não podemos jamais perder a convicção de que Deus age continuamente em nossa vida. Uma prova? Coloque a mão em seu peito e sinta o seu coração bater insistentemente. Sua existência é pura ação da graça de Deus! Os Evangelhos nos dão uma pista de como Deus age à medida que insistimos. Fé e insistência sempre andam juntas.

Certa viúva queria que um juiz lhe fizesse justiça, mas o tempo passava e nada acontecia. Ela insistiu por várias vezes, e o juiz, incomodado, fez a justiça acontecer na vida da viúva (Lucas 18,1-8). Jesus conta essa história porque é exatamente isso que Ele quer que tenhamos: uma fé insistente. Não existe milagre sem insistência.

Se eu não insisto em Deus, onde está a minha fé? Se o milagre tem uma forma, ela é a da insistência. Etimologicamente, a palavra insistência é formada por "in", que significa "manter a atitude" e "sistere", "estar de pé". Então, insistir é manter-se de pé, apesar das incertezas que a vida nos traz.

Para um esportista obter êxito na carreira, ele deve insistir. Usain Bolt, famoso velocista jamaicano, é campeão olímpico e mundial, e bateu recordes nos cem e duzentos metros rasos. Como conseguiu? Ele insistiu no treino. Insistiu muito. É preciso insistência. Insistir na fé... Vencer Deus pelo cansaço, assim como a viúva venceu o juiz!

Devemos insistir e nos manter de pé, apesar das incertezas que a vida nos traz.

29

Você é um milagre chamado ser humano. Yes!

Imagine esta situação absurda: somos visitados por um extraterrestre e ele nos pergunta: "De onde vocês se originaram?" Responderíamos com toda a naturalidade do mundo: "Nós éramos nada e, a partir desse nada, Deus nos deu a vida." O extraterrestre, provavelmente, ficaria confuso e diria: "Mas isso é impossível, porque do nada, nada surge." Nós, então, diríamos a ele: "Nosso Deus faz do impossível o possível acontecer." Penso que o E.T. faria de tudo para se tornar humano, a fim de ser, também, um milagre ambulante, um milagre divino. O pôr do sol é um milagre, as montanhas são milagres; uma borboleta é um milagre que voa; o grilo, um milagre que pula; um peixe, um milagre que nada. E você é um milagre que ama, chora, ri, cai, levanta e recomeça a lutar. Você é um milagre chamado ser humano. Um milagre de Deus.

O fato de sermos um milagre ambulante é tão claramente verdadeiro que basta pensarmos que Deus nos tirou do nada para nos dar a vida. Não pedimos para nascer e não sabemos quando deixaremos essa vida. Portanto, o próprio tempo do ser humano na Terra também é pura graça de Deus.

Antes de existirmos éramos um zero, não tínhamos absolutamente nada: história, carne, mundo ou consciência. E como nós éramos um zero absoluto, tudo aquilo que existia naquele momento era maior do que nós. Uma pedra, uma minhoca ou uma casca de amendoim. Como éramos nada, e eles eram alguma coisa, então eles eram mais do que nós. Mas Deus, no seu amor, na sua bondade, no seu mistério, nos tirou desse nada e nos deu a vida. Dando-nos a vida, Ele faz de nós um milagre ambulante.

Sua existência já é um milagre de Deus, e tudo aquilo que na sua vida está relacionado a Deus é parte desse todo.

30

É PRECISO SABER RIMAR SANTIDADE COM FELICIDADE. YES!

Apesar de todo o sofrimento que você passou até aqui, acredite, você pode, sim, ser feliz! Deus conhece toda a sua vida e sabe de todo o seu sofrimento, seu medo, suas inseguranças, e ainda assim Ele acena para você com a felicidade. Mas como é possível ser feliz assim? Explico.

É preciso saber rimar santidade com felicidade. Santidade significa estar bem com Deus, com o outro e consigo mesmo. E felicidade também! Santidade significa, sobretudo, o esforço em realizar alguma coisa boa. E felicidade também! Todas as pessoas que se consideram felizes devem, necessariamente, estar também a caminho da santidade, porque é impossível ser feliz quando não se está bem consigo, com o próximo e com Deus, que é santo! Bingo!

Se a sua felicidade não estiver ligada diretamente a coisas boas, honestas e éticas, então não será real. Você pensa que é feliz, mas não é, pois é impossível negar que o caminho da felicidade e da santidade se cruzam.

Não é à toa que este é o primeiro mandamento: "Amar a Deus e amar ao próximo como a si mesmo." E quem procura viver essa lei em sua vida, automaticamente estará bem consigo mesmo! Feliz e santo!

Não fique surpreso ao constatar que você pode, sim, ser feliz!

31

O PATROCINADOR DA FELICIDADE É SOMENTE DEUS. YES!

Deus fez o Paraíso e colocou nele Adão e Eva, que, antes da trapalhada que fizeram, eram santos e felizes. Santos porque até então obedeciam a tudo o que Deus recomendava, e felizes porque o Paraíso era simplesmente tudo de bom, como o próprio nome já diz. Ali, o primeiro casal era plenamente realizado, não lhe faltava nada; dessa forma, eles não tinham as preocupações que hoje temos, como aquela sensação de que alguma coisa está faltando, ainda que não se saiba bem o que é.

Mas quando Adão e Eva desobedeceram a Deus, eles perderam a santidade e a felicidade, e foram expulsos do Paraíso. Desde esse dia fatídico, o homem e a mulher estão à procura dessas virtudes. A felicidade e a santidade gratuitas não existem mais, o que há é felicidade e santidade a serem conquistadas. Adão e Eva pensaram que podiam conquistar a felicidade com as próprias forças e falharam. Pactuaram com o Inimigo de Deus.

Não espere que a felicidade bata à sua porta. Busque-a! Conquiste-a! Essa é a regra do jogo.

O salto na fé é condição para conquistar a felicidade.

32

A FRAGILIDADE ATINGE TODOS. YES!

Jesus enfrentou muitas disputas e embates com os fariseus e saduceus, que eram os esclarecidos, os intelectuais, os eruditos de seu tempo. Jesus não era um adversário fácil para eles, afinal, quem pode vencer o Filho de Deus? Mas aquilo que mais surpreende é que, apesar de todos os desencontros com os fariseus, certa vez, Jesus fez um grande elogio a eles.

Está no início do Evangelho de Mateus: "Os escribas e os fariseus sentaram-se na cadeira de Moisés. Observai e fazei tudo o que eles dizem, mas não façais como eles, pois dizem e não fazem" (Mateus 23,2-3). Jesus recomenda ao povo seguir o que os fariseus dizem, porque, segundo Jesus, eles têm autoridade para interpretar a lei de Moisés.

Jesus coloca o dedo na fragilidade humana, pois ele reconhece a grande fragilidade dos fariseus, mas ainda assim fala para todo o povo fazer o que eles dizem, mas não fazer o que eles fazem. Tratando da contradição dos fariseus, Jesus fala das contradições de todo homem. O mesmo vale para quando ele fala sobre a imperfeição dos fariseus. O ser humano deve acertar as contas com sua imperfeição e sua fragilidade.

Certa vez, reuniram-se grandes sábios para discutir a fragilidade do homem. Constatou-se o que já se sabia: a fragilidade faz parte da condição humana, sim! Faz parte da condição humana porque o ser humano não foi feito só para esta Terra, só para este mundo. Este mundo não basta para o homem. Eis a razão da nossa fragilidade: queremos sempre mais. Corremos atrás de mais; porém, esse "mais" que queremos não é um conforto material, um bom emprego ou até mesmo um bom cônjuge ao nosso lado. Na verdade, esse mais deve ser Deus, a resposta para nossa fragilidade.

O homem é feito de carne, mas tem a ilusão de que pode viver como se fosse feito de ferro, esquecendo-se da sua fragilidade.

33

QUANDO EU RECONHEÇO A MINHA FRAGILIDADE, AÍ É QUE EU SOU FORTE. YES!

Não se pode exigir perfeição de ninguém, mesmo de quem você ama. Se você espera que as pessoas sejam perfeitas, viverá frustrado, porque o ser humano não foi feito para a perfeição. Apenas Deus tem esse poder. Não queira que seu pai seja um Super-homem. Não queira que sua mãe seja uma Mulher-maravilha. Não queira que seu filho seja um Einstein na escola. Assim, estaremos colocando nas pessoas um fardo que elas não conseguirão carregar. Da mesma forma, reconheça sua fragilidade e sua precariedade, então você saberá o quanto isso é libertador, pois tirará o peso do mundo das suas costas.

Além disso, quando você reconhece a própria fragilidade torna-se mais tolerante com a fragilidade dos outros. Você sabe que tem feridas emocionais e que o outro também as tem. Cure as suas feridas e ajude os outros a curar as deles, e não deixe que uma ferida já cicatrizada volte a arder. Ser humano é ser capaz de nos curar mutuamente. Mesmo os seres mais primitivos antes do *homo sapiens* cuidavam uns das feridas dos outros, e era isso que os humanizava! Portanto, o cuidado humaniza!

Todos nós somos frágeis! Só coloque suas expectativas nas pessoas se você já se convenceu de que elas são frágeis e podem decepcioná-lo. Mas, por segurança, suas expectativas devem ser colocadas Naquele que não decepciona nunca: Deus!

Quem não reconhecer sua fragilidade será humilhado; mas quem a reconhecer será exaltado.

34

Rezando, você começa a entender que, se a vida é uma questão, Deus é a resposta. Yes!

É no momento da oração que reconhecemos que jamais iremos tocar o fundo do abismo, pois nele, que maravilha, estará a mão de Deus a nos amparar!

Quando quisermos falar com Deus, teremos que subir a montanha, elevar-nos até Ele. Subir a montanha é reconhecer que Deus está acima de nós, que Ele é sobrenatural, transcendente e que demanda certo esforço de nossa parte para entrar em harmonia com Ele.

A oração alimenta a alma e não a deixa definhar. Rezar deve ser um hábito em nossa vida. Nossas grandes decisões devem sempre ser precedidas pela oração. Rezando, você começa a entender que, se a vida é uma questão, Deus é a resposta. Ele é a resposta para todas as interrogações, sofrimentos e dores, para todas as questões fundamentais de nossa vida.

O acesso prioritário ao coração de Deus se dá pela oração. Ela é a expressão da fé e toca diretamente o coração dEle. Todos nós podemos chegar ao coração divino, basta querer.

O homem moderno, depois de um longo esquecimento do sagrado, quer encontrar Deus, o único que dá sentido à existência. Ele percebeu que Deus é decisivo para o êxito ou o fracasso da vida.

35

O MUNDO NÃO NASCEU DO NADA, MAS, SIM, DO AMOR DE DEUS. YES!

Não há muito tempo, Stephen Hawking, um dos homens mais inteligentes do nosso tempo, declarou em alto e bom som que Deus é dispensável para explicar a origem do mundo. Para o cientista, o mundo poderia muito bem ter nascido do nada, sendo necessário somente as leis da gravidade. Mas as leis da gravidade já são alguma coisa!

Mesmo que um dos homens mais inteligentes da Terra diga que Deus é supérfluo, Ele se impõe, porque até mesmo este homem inteligente não consegue explicar como algo pode vir do nada, pois, a rigor, do nada, nada vem. A causa da nossa vida é o próprio Deus, e não o acaso. Ele nos tirou do nada, nos colocou no ser, nos deu a existência. Milagre! Deus é o dono da nossa vida, o árbitro, o juiz. Se a vida fosse um jogo de futebol, Ele seria o dono da bola. Sem bola não tem jogo; sem vida não tem nada, e nossa vida vem de Deus.

O milagre é o modo de ser de Deus. Toda a nossa relação com Ele, do momento em que temos consciência de que existe uma força de amor que cria tudo a partir do nada, é uma relação milagrosa. O erro de Stephen Hawking é desconsiderar que Deus pode tudo, até mesmo criar o mundo do nada absoluto. O mundo nasceu de um milagre!

O fato de estarmos abertos ao Deus Invisível, e esperarmos nEle, também já é um milagre.

36

AMEMO-NOS UNS AOS OUTROS, PORQUE O AMOR VEM DE DEUS. YES!

A lei do amor é a lei maior. Não existe nada maior que o amor: nem o dinheiro, nem o sexo, nem o poder e nem o ódio. O amor está no primeiro mandamento, pois antes dele não existe nada. Na nossa vida, o que vem em primeiro lugar é o amor.

O evangelista João nos recorda: "Caríssimos, amemo-nos uns aos outros, porque o amor vem de Deus, e todo o que ama é nascido de Deus e conhece a Deus" (1João 4,7). Portanto, a partir de Deus podemos inaugurar uma "cultura do amor", ou seja, cultivar o amor, querendo o bem para todos! A maneira de saber se eu amo verdadeiramente é verificar se eu quero o bem do outro, não importa quem ele seja. Devo desejar para o outro todo o bem do mundo! Não devo querer para o outro aquilo que não quero para mim. São Tomás de Aquino detecta uma grande força no amor, chamando-a de coesão, ou seja, união, laços, vínculos, integração: "Aquele que ama integra o outro a si próprio, comportando-se com ele como consigo mesmo".[3] Logo, amar é querer estar junto, estar presente! O amor de Deus é também força de coesão, pois Ele quer para nós tudo o que é bom!

Se você faz um bem mesmo sabendo que não receberá nada em troca, então você estará agindo por amor. Quanto maior for a sua dedicação e quanto menor o retorno, maior, então, a medida do seu amor. Por isso, não existe um amor maior que oferecer a própria vida. Eis o tipo de amor inaugurado por Jesus. Nisso Jesus é imbatível.

Se calar, cale-se por amor; se corrigir, corrija por amor; se der uma esmola, dê por amor.

37

O AMOR É A CATEGORIA PRINCIPAL PARA SE PENSAR TODA A REALIDADE. YES!

Em julho de 1941, nos campos de concentração nazista, um homem do mesmo bloco de Maximiliano Maria Kolbe fugiu. Como represália, os nazistas escolheram dez outros prisioneiros para morrer de fome e sede enquanto o fugitivo não aparecesse. Um dos dez, Franciszek Gajowniczek, lamentou-se pela mulher e os filhos que deixaria, caso morresse, e Kolbe se ofereceu para tomar o seu lugar. Duas semanas depois, só quatro dos dez homens sobrevivem, incluindo Kolbe. Os nazistas decidiram, então, executá-los com uma injeção de ácido. Maximiliano Maria Kolbe foi considerado santo pela Igreja e canonizado em 1982, na presença de Franciszek Gajowniczek, o homem por quem entregou a vida e que sobreviveu aos horrores de Auschwitz.

Kant, grande filósofo alemão, mudou os rumos da filosofia quando disse que tudo aquilo que fazemos, fazemos dentro da relação espaço-tempo. Tudo o que o ser humano faz, tudo o que o ser humano sabe, tudo o que ser humano imagina, é dentro do espaço e dentro do tempo, que são categorias *a priori* do nosso conhecimento. Você não pode pensar nada se não usar essas duas categorias. No entanto, a verdadeira categoria que devemos usar para fazer tudo, pensar tudo, entender tudo e agir é a categoria do amor. As lentes que usamos para enxergar a realidade são as lentes do amor.

Prova de amor maior não há do que aquele que dá a vida pelo seu irmão.

38

Existe um lugar onde todos se perdoam mutuamente. Yes!

Muitas vezes, no Evangelho de Mateus, Jesus diz: "O Reino dos Céus é semelhante a [...]." Devemos redobrar a nossa atenção quando lemos essa fala de Jesus, pois virá alguma novidade a respeito do que é o Reino dos Céus e o que vamos encontrar lá. Já sabemos, por outras comparações feitas por Ele, que esse Reino será para nós uma grande *surpresa* e uma enorme *felicidade*. Nas muitas histórias que conta, Jesus nos permite concluir que o Reino dos Céus é um lugar onde existe muita misericórdia e muito perdão.

Devemos perdoar nossos irmãos porque Deus nos perdoou primeiro. Se você quer saber o tamanho da misericórdia de Deus, imagine quando você vai à praia, pega um punhado de areia e joga no mar. Em questão de segundos a areia some na vastidão do oceano. O punhadinho de areia representa nossos pecados. A vastidão do mar é a misericórdia de Deus. Não se iluda, a misericórdia é sempre maior que o pecado. Em uma de suas primeiras missas depois de eleito pontífice, Papa Francisco disse: Deus jamais se cansa de nos perdoar, e nós jamais devemos nos cansar de pedir perdão a Ele.[4] Veja que bela lição da misericórdia de Deus!

A regra de ouro é: "Faça aos outros aquilo que Deus fez com você." O que Ele fez/faz? Sustenta-nos com Sua misericórdia. Ele quer que façamos o mesmo pelos outros. Sejamos mais pacientes e não esperemos a perfeição de ninguém, nem a nossa. Em vez de sermos muito rigorosos com os outros e relaxados conosco, sejamos rigorosos conosco e misericordiosos com os outros. Ter misericórdia significa conviver com as imperfeições das pessoas que amamos.

Perdoar é a única forma de recomeçar. Todos nós pecamos. Permanecer no pecado é impraticável. Para deixar o pecado é preciso misericórdia: receber misericórdia e dar misericórdia.

39

QUER MUDAR SUA VIDA? COMECE A REZAR. YES!

Joseph Ratzinger, em audiência geral no dia 4 de maio de 2011, falando sobre oração, citou a seguinte expressão do imperador e filósofo Marco Aurélio: "Quem lhe disse que os deuses não nos ajudam inclusive naquilo que depende de nós? Portanto, comece a pedir-lhes e verás."

Cada oração é um bater à porta do coração de Deus, é um ajoelhar-se e descer rumo aos abismos da misericórdia divina. Rezar intercedendo não é mudar a vontade de Deus, mas é deixar que Ele faça aquilo que é próprio de Sua essência, isto é, cuidar das nossas necessidades.

Muitas vezes, diante das dificuldades da vida, é grande a tentação de desistir, de "jogar a toalha". Mas devemos usar de persistência e rezar. Pedindo forças para Deus, chegaremos lá! O homem e a mulher, sozinhos, não chegam a lugar algum. A graça de Deus é fundamental, e a oração é um dos canais pelos quais passa a graça de Deus. O caminho espiritual, ainda que seja árduo, é nossa única garantia de felicidade e de paz interior. Reze como nunca, e você verá a graça de Deus se manifestar na sua vida.

O mundo dá a faca e o queijo, mas a fome quem dá é Deus. Fome de felicidade, de alegria e de sentido para a vida. Na Cruz, o coração para de bater. É morte. Momento da fragilidade de um Deus que se faz fraco para nos fortalecer com sua fraqueza. Quando o coração de Jesus volta a bater, é *ressurreição*. Momento de felicidade. Deus jamais desiste de nós.

40

Somos feitos para a felicidade já aqui neste mundo. Yes!

A felicidade é um desejo universal, todos a querem. Epicuro dizia que, se a temos, temos tudo, mas se ela nos falta, fazemos de tudo para obtê-la.[5] Mas o que significa felicidade?

Para Santo Agostinho, felicidade é procurar Deus: encontrando-O somos felizes imperfeitamente na condição presente, mas perfeitamente na eternidade. Já São Tomás de Aquino ensina que felicidade significa conseguir o bem perfeito; logo, o homem, que pelo seu intelecto é capaz de reconhecer o bem perfeito e pela sua vontade deseja gozá-lo, uma vez conseguindo-o, será feliz.[6] Claro está que São Tomás fala aqui do Bem com *b* maiúsculo, ou seja, Deus. Se Deus é o Bem perfeito, contemplá-Lo será, para o homem, a perfeita felicidade. Felicidade do outro mundo!

Mas São Tomás também sustenta que o homem é capaz de ser feliz já neste mundo! O homem é feliz quando tem sorte, saúde, honra, uma família estruturada, amigos, quando ama e é amado e também quando realiza seu programa de vida. Simples assim. O mais incrível é que o homem, reconhecendo sua total contingência e percebendo-se aberto à mais absoluta transcendência, é capaz de ser feliz mesmo nas adversidades. Eis a felicidade dos santos! Felicidade não tem nada a ver com realidades externas, mas, sim, com a possibilidade de o homem realizar o seu ser o máximo possível, abrindo-se à conquista da felicidade perfeita.

Deus não criou o mundo para que nele o homem fosse infeliz, ainda que tantas vezes a vida pareça um "vale de lágrimas". A felicidade não é um mito, já que ela tem muito a dizer à existência humana.

Madre Tereza de Calcutá nos recorda: "A vida é uma felicidade, mas faça por merecê-la." Felicidade existe, mas é preciso conquistá-la... aqui na Terra, como no Céu!

41

Um Deus consolador é tudo o que temos, e não precisamos de mais! Yes!

Deus é também consolador. Consolar é "estar com", e, nesse caso, estar com quem se sente sozinho. A pessoa desolada precisa de alguém para estar com ela, precisa ser consolada.

Deus sabe que existe um grande medo no coração humano. Medo e insegurança que dificultam a serenidade e a felicidade do homem. O medo vem da dúvida, fruto de uma fé enfraquecida. A dúvida mata a fé. Deus sabe também que o coração humano é dividido, rachado, palco da batalha entre o bem e o mal. O que fazer? Deixar o próprio Deus nos consolar, ou seja, caminhar do nosso lado e enfrentar nossas lutas junto com Ele.

Jesus diz: "No mundo haveis de ter aflições. Coragem! Eu venci o mundo" (João 16,33). Temos um grande consolo: o nosso Deus, que nos defende e nos mostra o que fazer. Se vivermos a vida com Deus e na dependência dEle, a vitória será nossa. Com toda certeza.

Às vezes nossa vida se parece como aquelas cavernas escuras, cheias de morcegos, que todo mundo tem medo de entrar. Mas, quando a luz começa a passar pelas frestas, os morcegos fogem, e então, banhada de luz, pode-se ver a beleza da caverna. Assim também é na nossa vida: deixemos que a luz, a força de Deus, a ilumine completamente.

42

Entre nós e Deus está Jesus, com Seu amor, força, poder e misericórdia. Yes!

Jesus faz no Céu aquilo que já fazia por nós quando estava aqui na Terra, ou seja, interceder continuamente por nós junto a Deus-Pai. Jesus ora por nós e se preocupa conosco; Ele não quer nos ver sofrendo, pois nos ama profundamente! Não podemos esquecer: quem conhece o poder de Jesus conhece também o poder do Pai, porque Jesus e o Pai vivem em uma união perfeita, que tem como fruto a força avassaladora do amor. Entre nós e Deus está a poderosa intercessão de Jesus!

Devemos então nos alegrar e ao mesmo tempo nos tranquilizar, pois temos no Céu um Deus que intercede 24 horas por dia a nosso favor: Jesus. Para sempre marcado pela nossa humanidade, Jesus coloca a própria humanidade, juntamente com Ele, sentada à direita de Deus-Pai. Jesus é a ponte pela qual transitam Deus e a humanidade. Todos os nossos pleitos são apresentados a Deus pelo seu Filho amado. Entre nós e Deus está Jesus, com Sua força, com Seu amor, com Seu poder e com Sua misericórdia.

O grande diferencial de nossa vida é ter Jesus como intercessor. Somos garantidos por Seu poder e amor, que nos colocam diretamente dentro do coração de Deus. A amizade de Jesus nos oferece aquilo que o mundo jamais poderia nos dar: um sentido completo para nossa vida.

Diante da precariedade e fragilidade da vida, Jesus nos apoia 100%! Nenhuma realidade do mundo preenche tanto o coração do homem, só Deus. Você vai abrir mão de uma intercessão tão poderosa? Claro que não!

43

O CHÃO QUE PISAMOS JÁ FOI PISADO POR DEUS. YES!

Nossa história é a história de um Deus que vem do Céu para o mundo, permanece fisicamente no meio de nós e, depois, cumprida sua missão, ao Céu retorna. Espantoso! É de encher o coração de assombro e admiração! Que Deus é esse, que comete uma violência consigo mesmo tornando-se mortal para morrer tão rápido? Tudo isso por amor. Nunca se viu um Deus assim! A marca da nossa história é a de um Deus que entra e sai fisicamente da história humana.

Hoje, no Céu, à direita de Deus, Jesus intercede por cada um de nós. Ao fim do Seu caminhar humano, Jesus volta para a felicidade suprema. Assim acontecerá conosco. Fomos feitos para a felicidade! Para este e para o outro mundo! Jesus retorna ao Pai e leva toda a humanidade em Seu coração.

Há uma história na qual dois monges idosos esperavam a hora da partida, e então combinaram entre eles que quem partisse primeiro voltaria depois e contaria tudo para o outro. Se o Céu fosse aquilo que pensavam bastava dizer *tudo*. Mas, se não fosse, bastava dizer *diverso*. Então, um dia, um deles morre, e o outro fica então à espera, para saber como é o Céu. Finalmente, certa noite, o companheiro que havia partido aparece no quarto daquele que ficou, e este então apressa-se em perguntar: "E então, o Céu é *tudo*? O outro balança a cabeça negativamente. "Então é *diverso*?" O outro torna a balançar a cabeça negativamente. E ele, então, pergunta, mal disfarçando a ansiedade: "O que é o Céu?", ao que o outro responde: "O Céu é *tudo de diverso*."

O Céu será para nós uma grande surpresa. "É como está escrito: Coisas que os olhos não viram, nem os ouvidos ouviram, nem o coração humano imaginou (Isaías 64,4) [...] tais são os bens que Deus tem preparado para aqueles que o amam" (1Coríntios 2,9).

44

É PRECISO ABRIR OS OLHOS E VER AS MARAVILHAS QUE DEUS OPERA EM NOSSA VIDA. YES!

Na realidade humana, há uma grande divisão: o eterno combate entre o bem e o mal. Às vezes o homem faz o jogo do bem e é feliz. Às vezes faz o jogo do mal, daí encontra perturbação e tristeza. A condição humana é assim: experimentamos momentos felizes, em que sabemos que Deus está conosco e nos quais sentimos a presença do bem. Mas também passamos por momentos obscuros, de sofrimento, e então sabemos que o mal nos espreita e nos ameaça. É quando nos perguntamos: "Onde está Deus?"

Ao lamento do homem, Deus promete a alegria. Isso mostra que, apesar das dificuldades do dia a dia, Ele está sempre conosco, nos anima e nos encoraja, nos dá forças e transforma o nosso lamento em alegria! Então, não nos cabe, nos momentos difíceis da vida, quando nossas forças parecem falhar, perguntar: "Onde está Deus?"

Ao contrário, precisamos reforçar nossa fé em Deus e pedir com insistência: "Fique comigo, Senhor!" Só assim conseguiremos realizar aquilo que Ele espera de nós, que é encontrar a própria felicidade. Deus faz continuamente maravilhas em nossa vida, mas nós não somos capazes de vê-las. Não podemos agir como uma pessoa que ganhou na loteria, mas perdeu o bilhete.

Ganhamos nosso bilhete premiado já no batismo: a presença maravilhosa e cheia de graça de Deus em nossa vida!

45

O AMOR É CONDIÇÃO NECESSÁRIA PARA QUEM QUER SENTIR A FORÇA E O PODER DE DEUS PRESENTES EM SUA VIDA. YES!

Fazer o mal pensando estar fazendo o bem significa não saber amar ou amar de forma equivocada. Quantos pais, pensando em fazer o melhor para os filhos, acabam fazendo um grande mal, sufocando-os com tanto amor equivocado? Conheço também filhos que pensam amar os pais e perdem facilmente a paciência com eles, chegando até mesmo a agredi-los!

Precisamos urgentemente saber que amar não é dominar e sufocar as pessoas que pensamos amar. Como descobrir se você está fazendo isso? Abandone a dureza do coração, o orgulho e a crença de que é o "dono da verdade".

Para que a vida seja um sucesso é preciso amar. Para que o peso da vida não nos derrube, é preciso amar. Para que a vida tenha sentido, é preciso amar. Para vivermos a união e a harmonia em família, é preciso amar. O amor é condição necessária para aqueles que querem sentir a força e o poder de Deus presente em sua vida. "Ama e fazes o que quiseres!", dizia Santo Agostinho.[7]

Nossa interioriadade é como uma disputa entre dois lobos que vivem dentro de nós. Um é o mau, representado pela raiva, inveja, ciúme, tristeza, desgosto, cobiça, arrogância, autopiedade, culpa, ressentimento, inferioridade, mentira, orgulho, falsidade, superioridade e ego. O outro é o lobo bom, representado pela alegria, paz, amor, esperança, serenidade, humildade, bondade, benevolência, empatia, generosidade, solidariedade, verdade, compaixão e fé. Qual lobo vence? Vence aquele que você alimenta.

Então, comece agora a alimentar o amor na sua vida, para que, assim, sua alegria seja plena.

46

Deus é Pai e sabe de tudo que está em nosso coração. Yes!

Deus não é um gerente de loja de departamentos. Deus é Pai! Ele não nos trata com autoritarismo, em uma relação fechada, triste e pesada. Ao contrário, Ele desenvolve para cada filho uma relação de amor e da mais absoluta confiança.

Como um pai amoroso e atento que detecta o medo no coração do filho, assim é Deus. Ele sabe o perigo que corremos quando deixamos tal sentimento tomar conta do nosso coração, pois ele imobiliza e é um grande sinal de uma fé débil. A tragédia humana se configura quando o medo toma espaço em nosso interior, imobilizando a vida e enfraquecendo a alma; tirando todo o ânimo e a capacidade de reação.

É pela porta do medo que o diabo entra em nossa vida! Um coração perturbado é um coração que não está radicado em Deus e que não vê no Senhor a solução para os problemas. Para curar o medo,

Deus se coloca como nosso Pai, com o poder de renovar todas as coisas em nossa vida.

Então, permita que Deus cure seu coração de todo medo e insegurança. O coração humano não foi feito para ter medo, mas para acreditar e confiar no poder dAquele que nos criou e que se coloca como nosso Pai.

Cure seu coração acreditando firmemente que Deus-Pai caminha com você e lhe dá a paz que o mundo jamais conseguirá lhe dar. Assim, em seu coração, não haverá espaço para o Inimigo.

47

Aprofunde a sua vida no mistério de um Deus que se oferece como alimento que sacia a sua alma. Yes!

Deus é o Pão da vida. O pão da Terra sacia a fome física; a fome espiritual só pode ser saciada pelo Pão do Céu. Deus é o pão espiritual que sacia a nossa fome existencial, mostra-nos o verdadeiro sentido da vida e tira todas as incertezas do nosso coração. Para o homem que se alimenta de Deus, a vida não é um peso, não obstante o sofrimento, mas, sim, uma longa estrada a ser percorrida com alegria e confiança, já que o alimento de nossa alma é o próprio Deus.

Esperar que Deus sacie somente a nossa fome física significa menosprezar o poder do Senhor. Ele está pronto para dar-nos o Pão que alimenta para sempre e totalmente. Aprofunde seu conhecimento no mistério de um Deus que se oferece como alimento que sacia a sua alma. Não espere pouco de Deus. Não subestime o poder dEle em sua vida. Deus tem o poder de nos dar mais, muito mais. Acredite! Deus é pão. Isso não é para ser entendido, mas para lhe servir de alimento e saciar sua sede de eternidade.

Nossa fome deve ser aquela de fazer acontecer a vontade de Deus em nossa vida, realizar completamente essa vontade. Descubra qual é a vontade dEle para sua vida e coloque toda a sua força para cumpri-la. Fazer acontecer na nossa vida a vontade de Deus é a nossa única garantia de felicidade. Felicidade genuína que não é efêmera.

O homem necessitado procura por Deus porque vê nEle esperança, apoio e força. O homem não pode se cansar de procurá-Lo. Quem procura acha. E quem encontra Deus encontra tudo.

48

A FÉ É UMA NECESSIDADE. YES!

Conhecer Deus não está ligado a algo estritamente intelectual, racional. Mas está, sobretudo, ligado a um conhecer que supõe a experiência da presença e do amor divinos na própria vida. De novo, aqui vale a fé. Ela nos indica que Deus não é distante ou indiferente; ao contrário, Ele se envolve com o homem, se importa, ama a ponto de dar a própria vida. Uma vez sentindo-se amado, o homem passa a conhecer o amor apaixonado de Deus! Só se ama aquilo que se conhece, ensina Santo Agostinho.[8] Conhecer a experiência do amor incondicional de Deus é o jeito que o homem tem de amá-Lo com toda a força, com todo o entendimento e com todo o coração.

A fé é condição imprescindível para nosso relacionamento com Deus. Como posso apostar toda a minha vida em um Deus no qual eu não acredito firmemente, ou em um Deus em quem eu acredito "mais ou menos"? Ter fé é arriscar tudo no Senhor! A fé é um risco!

A fé é um passo no escuro! Como posso não ter fé se não sei o que vai acontecer daqui a poucos minutos?

Um soldado disse ao seu tenente: "Meu amigo não voltou do campo de batalha, senhor. Solicito permissão para ir buscá-lo." "Permissão negada", replicou o oficial. "Não quero que arrisque sua vida por um homem que provavelmente está morto." O soldado, ignorando a proibição, saiu e uma hora mais tarde regressou, mortalmente ferido, transportando o cadáver de seu amigo. O oficial estava furioso: "Eu não falei que ele estava morto? Agora eu perdi dois homens! Diga-me: Valeu a pena trazer um cadáver?" E o soldado moribundo respondeu: "Claro que sim, senhor! Quando o encontrei, ele ainda estava vivo e pôde me dizer: Tinha certeza de que você viria!"

Ter fé é jamais perder a certeza de que o Senhor, seja qual for a circunstância, sempre vem!

Somente com uma fé muito firme e vigorosa é possível deixar germinar no coração a ideia de que nossa vida tem um único dono: Deus! Ele é o Senhor da nossa existência e toda a nossa vida depende dEle. Nossa força vem de Deus.

49

Na lógica de Deus, é preciso ser humilde para ser feliz. Yes!

A humildade é um ingrediente fundamental para que a felicidade possa acontecer na vida. Ser humilde é reconhecer a limitação humana. É saber que, na vida, o protagonismo não é nosso, mas de Deus. Ser humilde é colocar Deus como o Senhor da nossa vida e da nossa história, reconhecendo-nos necessitados de Deus. Ser humilde é saber que precisamos do outro para caminhar neste mundo, pois sozinhos não somos nada!

O ser humano é extremamente dependente. Então, ser humilde é reconhecer essa dependência. A verdadeira humildade não é caminhar à frente do outro e nem atrás dele, a verdadeira humildade é caminhar lado a lado. Na lógica de Deus, é preciso ser humilde para ser feliz.

Para explicar como ser humilde, Deus desce à Terra e arma sua tenda entre nós. Deus inverte a ordem do mundo, dando um golpe nas ideologias do poder. A relação entre Deus e o homem não é de poder, de dominação, mas, sim, de amor. Forte não é quem domina lançando mão do poder do mundo, forte é quem se deixa dominar pelo amor de Deus.

> Quando somos fracos, estando na graça de Deus, aí é que somos fortes. Basta-nos a graça de Deus (1Coríntios 12,9-10).

50

DEUS VAI AO ENCONTRO DO CORAÇÃO DAQUELE QUE TEM FÉ. YES!

Uma senhora me contou que, quando era mais moça, foi acometida por uma doença gravíssima. Os médicos lhe deram apenas três meses de vida! "Atormentei Deus com a minha fé, e ele me atendeu. Estou aqui firme e forte!", exclamou ela com um belo sorriso. "Os médicos disseram uma coisa; mas a minha fé disse outra!"

O que aquela senhora me disse somente veio confirmar algo que já estava em meu coração: nossa fé deve ser teimosa! A fé não foi feita para um mundo de certezas, mas para um mundo cheio de fragilidades. Se você vive em um mundo de certezas, você não precisa de fé. Mas, se o seu mundo é frágil, fortaleça cada vez mais a sua fé em Deus.

Devemos ter uma fé teimosa a ponto de "atormentar" Deus, que às vezes se mostra "surdo" aos nossos clamores. Precisamos comunicar-Lhe nossas necessidades, angústias e alegrias! Assim, a ação de

Deus se desenvolve em nossa vida. Deus se move em direção ao coração daquele que tem fé. Deus age, trabalha, faz! Move-se sempre a nosso favor. Deus é misericordioso com aqueles que O respeitam.

Deus é fiel, pois cumpre Sua promessa. Ele se importa. Não é um Deus indiferente, inalcançável em um distante Céu, mas um Deus que conhece nossas necessidades e faz de tudo para nos ajudar.

51

Deus é companheiro! Entra em nossa casa, vê a nossa necessidade e nos pega pela mão. Yes!

Certa feita, Jesus entrou na casa de Pedro e viu sua sogra com uma febre que certamente a levaria à morte. Tal fato dava espaço para boatos que diziam que ela estava amaldiçoada ou impura. Mas Jesus a pega pela mão, demonstrando que o poder vem de Deus, pois estamos todos em Suas mãos! Por isso, nas horas difíceis, devemos colocar nossa vida nas mãos de Deus.

Naquele mesmo instante, a sogra de Pedro ficou curada, a febre desapareceu, e a mulher, que beleza!, começou a servir (Mateus 8,14-15). Deve ter feito um bom lanche para Jesus, Pedro, André e Simão.

A notícia se espalhou e a cidade inteira se reuniu em frente à casa. Jesus resgatou a esperança do povo que reconheceu nEle o

Messias, o Filho de Deus. Jesus andava por todos os lugares rezando, pregando e curando, pois foi para isso que Ele viera!

Um dia típico para nós é aquele em que tomamos o café da manhã, almoçamos, jantamos, estudamos ou trabalhamos. Para Jesus, um dia típico era aquele em que Ele rezava, pregava e curava. Rezava porque tudo o que Jesus fazia era na presença do Pai e do Espírito. Essa intimidade, mais do que fundamental, fazia parte da essência da missão D'Ele. Ele pregava com autoridade e em Sua pregação era sempre presente o convite ao amor e à misericórdia. E Jesus curava! Um terço dos Evangelhos sinóticos, isto é, aqueles que apresentam uma grande quantidade de histórias em comum (Mateus, Marcos e Lucas), falam do cuidado de Jesus com os enfermos e sobre Suas mãos que curavam.

Abra-se para a fé a fim de que um dia típico de Deus seja uma constante em sua vida.

52

A FÉ EXIGE QUE COLOQUEMOS TODA A NOSSA VIDA NAS MÃOS DE DEUS. YES!

Alguns gregos pediram para ver Jesus (João 12,20-36). Aqui, os gregos significam a razão humana, e Jesus, a fé absoluta em Deus. A razão humana é tudo aquilo de melhor que o ser humano pode ter. É a razão que nos distingue de outros animais. Ela é a nossa arma mais importante. Portanto, os gregos, a razão, pedem para ver Jesus, a fé. Os discípulos os levam para ver Jesus, que diz a eles: "[...] se o grão de trigo, caído na terra, não morrer, fica só; se morrer, produz muito fruto" (v. 24).

O que Jesus disse é algo que afronta a razão e o modo de ser dos gregos. Um grego prezava a vida, a beleza e a existência, e tentava vivê-la ao máximo. Então Jesus fala que se deve morrer! Temos duas visões do ser humano que precisam ser reconciliadas com essa fala de Jesus: a razão e a fé. E a palavra que está oculta o tempo todo nesse episódio é "obediência".

Jesus sugeriu aos gregos que submetessem a razão à fé, à obediência a Deus. Eis a saída. Não fazer da nossa vida o que bem quisermos, mas aquilo que Deus quer. Submeter as próprias vontades à vontade divina exige confiar mais em Deus do que em si mesmo. Esse é o comportamento do grão de trigo que se deve imitar. Isso significa saber entregar e colocar todos os nossos projetos nas mãos de Deus.

Adão tirou Sua vida das mãos de Deus e o mal entrou no mundo. Cristo colocou Sua vida nas mãos de Deus e a salvação entrou no mundo. A razão jamais compreenderá essa lógica do grão que morre para dar a vida. Somente pela fé em Deus se pode entender isso. Não abra mão de nada na sua vida, mas entregue tudo nas mãos de Deus. Tire as coisas de suas mãos, coloque-as nas mãos de Deus. Jesus colocou-se inteiramente nas mãos do Pai. Todas as vezes que eu acreditar menos na minha autossuficiência e mais no poder de Deus, de certa maneira, sou aquele grão de trigo que, morrendo, produz frutos.

Coloque tudo nas mãos de Deus, até porque, queiramos ou não, estamos todos nas mãos dEle!

53

Feito à imagem de Deus, o outro é digno em sua precária preciosidade. Yes!

Jesus disse: "Destruí vós este templo, e Eu o reerguerei em três dias" (João 2,19). Os fariseus estranharam, pois a reconstrução do templo levara 46 anos. Como poderia Jesus reconstruí-lo em apenas três dias? Mas Jesus se referia ao Seu corpo como templo. Jesus prenuncia Sua morte e aponta para Sua ressurreição. O corpo de Jesus é templo de Deus, onde o Altíssimo faz morada. Também o corpo do homem é templo de Deus e o Senhor faz morada nele. Portanto, Deus não permite que se faça comércio com o templo que é o corpo humano, ou seja, não se pode considerar quem quer que seja um mero objeto, um meio para que se atinja determinados fins.

A advertência é clara: deve-se respeitar o templo de Deus e o templo que é o outro, que merece todo o meu cuidado. O cristianismo é a religião do próximo, a religião do outro. O outro que Deus colocou na minha vida é um mistério para mim. Eu jamais vou saber o que se passa no íntimo do outro, por isso devo reverenciar sua história. O outro não se decifra; respeita-se. Portanto, ele é inefável: algo maravilhoso que não pode ser expresso em palavras. O outro é divino na sua precária preciosidade.

O outro merece meu cuidado. É preciso implementar na vida o hábito de cuidar. A palavra cuidar vem da mesma raiz da palavra curar. Quem está cuidando está também curando. Cuidar do outro nos humaniza; cuidar do outro nos faz melhores.

54

Uma fé vigorosa faz Deus despertar. Yes!

Os momentos de crise pelos quais passamos na vida são oportunos para a mudança, que não deve ser feita de forma solitária, mas com Deus. Não se assuste. É possível que, antes de melhorar, a situação piore ainda mais. Porém, manejando bem sua fé, você constatará que Deus está sempre presente, tranquilo, no controle da situação. Se você perder a fé e deixar o desespero tomar conta, daí parecerá que Deus está dormindo justamente no momento em que você mais precisa dEle. Será necessário, então, recuperar a fé o mais rápido possível para que Deus acorde. Ele, uma vez desperto, acalmará a tempestade que ameaça afundar o barco; dessa maneira, a viagem tornar-se-á tranquila.

Uma fé débil dá sono em Deus. Uma fé vigorosa o faz despertar.

Portanto, faça da sua fé um despertador, daqueles bem barulhentos. É assim que Deus gosta! Certo dia, uma pessoa veio me falar que estava muito alegre e feliz, pois vivera trinta anos em uma tempestade e, justamente naquele dia, conseguiu sair dela. Devia isso a sua fé em Deus. Nesse mesmo dia, outra pessoa me procurou, dizendo estar passando por problemas graves e que estava cheia de medo. Disse a ela: "Seu barco vai começar a balançar para lá e para cá, são as tempestades da vida, mas não se esqueça de que Deus está nesse barco com você. Você não está sozinha."

Já aconteceu de você entrar em uma casa e ali ter um cachorro que começa a latir, muito bravo, preparando-se para abocanhar sua perna, quando alguém diz: "Não precisa ter medo, quando o dono está perto, ele não morde"? Isso vale também para a nossa vida. Não precisamos ter medo, pois o dono do mundo é Deus, e Ele está sempre perto. Nada vai nos atacar. Deus está sempre no comando do nosso barquinho. É preciso parar de focar a tempestade e focar o poder de Deus.

Tenha uma vida tranquila sabendo que, mesmo quando o nosso barco vai para lá e para cá, Deus está no comando.

55

O AMOR NÃO VIVE SOZINHO: EIS A TRINDADE. YES!

Certa tradição medieval diz que Santo Agostinho passeava pela praia perguntando-se como ele poderia resolver o mistério da Santíssima Trindade. Ele viu, então, um garotinho que fez um buraco na areia, correu até o mar e voltou com um pouquinho de água na mão, colocando-a nele. Santo Agostinho perguntou: "Garotinho, o que estás fazendo?" O menino respondeu: "Estou tentando colocar toda a água do mar neste buraquinho." "Não vês que isso é impossível, o mar é infinito para este buraco tão pequenino", respondeu Santo Agostinho. Assim que ele acabou de falar, o garotinho se transformou em um anjo e disse: "Pois eu te digo, Agostinho, é mais fácil para Deus colocar toda a água do mar neste buraquinho do que tu, com tua razão, esgotares as profundezas do mistério da Trindade."

Se nossa mente compreendesse Deus, então ela seria maior que Ele, o que é um absurdo. Como o menor não pode conter o maior, nossa compreensão sobre Deus é imperfeita. Mas é possível compreender a Trindade como uma comunidade de amor. Se Deus é amor, o amor não vive sozinho. Portanto, Deus é o que ama; o Filho, o amado; e o Espírito Santo, o amor.

Hoje, mais do que nunca, quando nosso mundo tem uma forte marca de intolerância, celebrar a Trindade é celebrar o respeito pelo diverso, pois o que nos iguala é o fato de sermos todos filhos de Deus. Mas somos diferentes! E a diferença deve ser riqueza, e não divisão. A Trindade — unidade na diversidade — vive uma perfeita comunhão, e dela brota a felicidade. Assim, deveríamos fazer o possível para vivermos e construirmos a comunhão sempre. Toda divisão enfraquece e sabota qualquer projeto de unidade e paz.

No rosto do outro eu reconheço o mistério que eu sou. Olhando a perfeita comunhão no Céu, tentemos construir a comunhão na terra.

56

Pode ser que hoje não vejamos com clareza, mas, um dia, tudo nos será revelado. Yes!

O que significa "essencial"? Qual é a essência do fogo? Queimar. Qual é a essência da água? Molhar. E qual é a essência de Deus? Amar! Então, a cada experiência de verdadeiro amor, fazemos um mergulho profundo na essência de Deus.

Imagine se você tivesse ouvido falar sobre a água durante toda a sua vida sem jamais ter a possibilidade de tocar ou de mergulhar sua mão nela. Quando, em um belo dia, você consegue tocá-la, imagine qual seria sua sensação: você tocou na essência da água. Assim também é com Deus. Nós sempre falamos sobre Ele, porém, mais do que falar, é preciso experimentá-Lo, tocar Sua essência.

Haverá um dia em que poderemos conhecer a essência divina! Não neste mundo, mas no mundo perfeito, aquele mundo para onde iremos um dia e para o qual fomos criados. Ali veremos Deus face a face, o conheceremos na Sua essência e na Sua glória, e então experimentaremos uma verdadeira felicidade. Qual será nossa reação? Será uma felicidade sem fim? Só nos resta imaginar... Assim como ter vindo à vida foi uma surpresa para nós, a vida eterna será também uma grande surpresa. Já aqui na terra, pela permissão de Deus, temos pequenas amostras do que é a eternidade. São momentos que marcam nossa vida para sempre, pois neles podemos tocar o Infinito e deixar que Ele nos toque.

Contemplaremos Deus — felicidade total — em plenitude, em corpo e alma. Então, tudo estará completo. O ser humano não é só corpo. O ser humano não é só alma. Somos corpo e alma, e é dessa forma que mergulharemos na essência de Deus!

57

O SOBRENATURAL É A MARCA DE DEUS QUE VOCÊ CARREGA. YES!

Existe em Deus algo que eu chamo de Princípio do Milagre. Viva o Princípio do Milagre em sua vida. O que é um milagre? É algo que não se explica por causas naturais, mas sobrenaturalmente. Portanto, toda e qualquer relação que eu tenho com Deus, por si só, já é milagrosa.

Quando penso em Deus, não O imagino como um político poderoso que pode resolver meus problemas, nem como um médico especialista que pode restituir minha saúde, ou como um psicólogo que pode me devolver a alegria de viver. Deus é mais que tudo isso! Ele pode atribuir um sentido total para a minha vida!

Quando penso em Deus, penso em alguém que me tirou do nada e me deu a vida! Eis o Princípio do Milagre. Não existe milagre em dar vida para um robô, pois ele é só matéria. Mas é um grande milagre a nossa vida, pois ela só pode ser coisa de Deus. Ele faz com que sejamos um milagre ambulante!

Para sabotar o milagre que você é, basta que conte apenas com as próprias forças, varrendo da sua vida tudo aquilo que é sobrenatural. Subtrair o sobrenatural de si mesmo é subtrair a marca de Deus que você carrega. Esta é a arte do Inimigo: tirar de nós a marca de Deus e nos convencer de que na vida tudo é natural, tudo é material, que basta contar com as próprias forças e pronto, que Deus não tem nada a ver com isso. Na prática, o grande desejo do Inimigo é nos tornar ateus. Para lutar contra isso, é preciso uma pronta reação: afirme com todas as letras: "Eu sou um milagre de Deus!"

Quando eu penso em Deus, penso na minha relação com Ele, que é uma relação do finito com o infinito; penso no sobrenatural, que não é deste mundo, não tem começo nem fim e não foi criado, mas criou todas as coisas.

58

O QUE ESTAMOS PROCURANDO? PROCURAMOS AMOR! YES!

Em algum momento de nossa existência, mais cedo ou mais tarde, ressoará a seguinte pergunta em nosso íntimo: "O que estou procurando?" Deus sabe que a vida do homem e da mulher aqui na Terra se resume a uma busca. O que procuramos durante toda a nossa existência? O fato de termos encontrado ou não aquilo que procuramos é que determinará se nossa vida na terra valeu ou não a pena. Sobre esse ponto, não podemos brincar ou nos enganar, sob pena de vivermos uma vida vazia, sem sentido e artificial.

Procuramos amor, relações que nos permitam amar e ser amados. Santo Agostinho percebeu essa problemática na existência humana, e então disse, em um desabafo: "Fizeste-nos para Vós, e nosso coração estará inquieto enquanto não repousar em Vós."[9] Deus é amor, e quem permanece no amor permanece em Deus.

Se procuramos amor, e se Deus é o próprio amor, então a resposta para nossa busca é o próprio Deus. O amor será a medida para nossa realização. A vitória virá da nossa capacidade de amar ou não. E Deus sabe disso, por isso nos ama tanto.

O desafio de todos nós é permanecer no amor. Encontramos pessoas no decorrer da vida e as amamos, seja pai, mãe, filhos, amigos. Devemos, então, permanecer no amor e não trair as pessoas que escolhemos para amar. Temos amor suficiente para seguir com elas até o fim, permanecendo o máximo possível na dinâmica de amar.

Tente mudar a realidade com seu amor, respondendo assim a Deus: "Senhor, pode ser que eu não tenha conseguido amar sempre, mas eu tentei amar o máximo possível."

59

O BEM SEMPRE VENCE O MAL. YES!

Por que Deus permite o sofrimento no mundo? Por que Ele permite a Cruz em nossa vida? Por que Ele não tira o sofrimento do nosso horizonte? A presença do mal no mundo dá um nó em nossa cabeça se pensamos em um Deus todo-poderoso e cheio de amor. Então, como Deus pode ser amor e permitir o sofrimento no mundo? Ele realmente é amor, mas não é Todo-poderoso, por permitir o sofrimento, ou Ele é Todo-poderoso, podendo tirar o sofrimento do mundo, mas não o faz porque não nos ama?

Na viagem do Papa Francisco às Filipinas, em uma das missas, uma menininha leu uma carta para ele. Na missiva, ela perguntava por que as crianças sofrem. Aquela menina era uma ex-moradora de rua que ficara exposta a todos os perigos do abandono: prostituição, drogas, exploração e morte. Durante a leitura, ela começou a chorar, não conseguindo mais prosseguir, o que emocionou a todos, inclusive ao sumo pontífice, que disse a ela que ele não tinha resposta para aquela pergunta. Para perguntas assim, a resposta é o silêncio, as lágrimas e a fé em Deus.

Uma das primeiras disputas que Deus enfrenta quando vem ao mundo é contra o mal e o sofrimento, e Ele vence! Eis aqui a certeza que devemos trazer em nosso coração: o bem sempre vence o mal.

Nossa fé conhece o sofrimento do mundo, mas não se conforma com ele, pois sabe que Deus é maior que todo o sofrimento.

60

Mesmo diante da Cruz de Seu Filho, Maria permaneceu firme na fé. Yes!

Em um momento de sua vida, Maria viveu o peso da Cruz em toda a sua intensidade. Foi como se Deus tivesse se escondido. Sim, Maria também passou pela noite escura da fé. Quando estava de pé, em frente à Cruz, vendo a vida do Seu Filho acabando aos poucos, ela sentia na pele todas as promessas de Deus sendo descumpridas.

Quando o anjo Gabriel anuncia a Maria que Ela será a Mãe do Salvador, ele Lhe faz várias promessas. Diz que o Menino que irá nascer será grande, será Filho do Altíssimo e que herdará o trono de Davi. Mas, naquele momento na Cruz, Maria não vê nada disso sendo cumprido; muito pelo contrário. Em vez da Glória, a humilhação; em vez do trono, a Cruz; em vez da felicidade, uma dor imensa, que somente quem é mãe pode imaginar. Com a morte de Jesus, Maria ficou absolutamente sozinha, em uma cultura em que uma mulher sozinha era quase nada.

Houve um tempo na vida de Maria em que Deus havia Lhe prometido tudo, e houve também um tempo em que tudo aquilo que Deus havia prometido de bom estava acontecendo exatamente ao contrário, ou pior. Na Cruz, Maria vivia o que de pior poderia acontecer.

Como Maria fez para suportar tudo aquilo? Ela não se rebelou, Ela não se revoltou contra Deus. Manteve-se de pé, aos pés da Cruz, com fé, olhando para Jesus! Maria esperou contra toda a desesperança. Ela estava convicta de que, nos momentos difíceis da vida, não estaria sozinha, pois Deus estaria presente, carregando-A nos braços. Ter fé é saber que, em qualquer situação, quem dá a última palavra é Deus.

É na Cruz, na hora do sofrimento, que Jesus entrega a Sua Mãe à humanidade. Ele diz: "Mulher, eis aí Teu filho" (João 19,26). Acolhamos a Mãe de Jesus como nossa Mãe, Advogada e Intercessora!

61

Na vida, para crescermos, precisamos sair da zona de conforto. Yes!

Deus é o Agricultor que cuida da videira, que somos nós. A videira depende dEle. O agricultor jamais a abandona à própria sorte. A palavra agricultor deriva de *agricultura*, do latim, que significa "cultivar o solo", ou seja, tirar dele o que é ruim e deixar aquilo que é bom. Nós somos o solo que Deus cultiva! O Agricultor sabe tudo sobre a videira. Ele sabe aquilo que deve tirar e o que deve deixar no solo para que a videira siga firme. Assim como a vida da videira depende do agricultor, nossa vida depende de Deus. O agricultor dedica-se à sua videira. Cultivar é envolver-se, cuidar e curar. Somos envolvidos, cuidados e curados por Deus, nosso Agricultor.

Porém, chegará um momento em que o Agricultor deverá podar a videira. Essa é a condição para que ela se fortaleça. O agricultor tira fora o ramo que não dá frutos. O ramo que dá frutos, ele o poda para que dê mais frutos ainda. Também devemos passar pelo processo da poda, devemos ter a coragem de tirar fora aquilo que não dá frutos. Essa é a condição para o nosso crescimento.

Nunca estamos terminados. Nosso horizonte é totalmente aberto. Todas as outras criaturas tem um horizonte fechado. Elas são aquilo que são e pronto! Nós, não! É nessa perspectiva que nos reconstruímos a cada instante, e a reconstrução envolve poda e corte, e pode nos fazer sofrer, mas é o requisito para darmos ainda mais frutos. Deus — o Agricultor — poda nossos ramos e muitas vezes não aceitamos, então nos perguntamos: "Por que só comigo?" Estar no mundo não significa estar em uma eterna zona de conforto, mas, sim, saber que a nossa vida é desconstruída e reconstruída a cada momento para crescermos!

Qualquer situação muito dura pela qual passamos desconstrói nossa vida, mas é preciso acreditar que a desconstrução faz parte de uma construção muito maior e mais bonita, que permitirá que a nossa vida progrida e frutifique muito mais, se não tivermos medo das podas que Deus — o Agricultor — fará. É preciso ter paciência, esperar a poda passar para mais uma vez sermos reconstruídos.

62

SÓ CHEGAREMOS AO CÉU SE CONSIDERARMOS PASSAR PELA CRUZ. YES!

Utopia, palavra criada por Thomas More, significa um "não lugar", ou seja, um lugar ideal. Existe na literatura uma ampla gama de lugares utópicos. Neles, tem espaço para tudo, inclusive para a mais perfeita felicidade humana construída aqui na Terra. Um lugar só de prazeres e que aposta na realização do ser humano só pela via da materialidade, do corpo e de todas as vontades satisfeitas.

Seguindo esse raciocínio, aquilo que Deus promete para o homem não é uma utopia, já que o Céu não é algo idealizado que jamais será concretizado. O Céu é o melhor lugar e existe! Na utopia, para conquistar a terra de maravilhas, você não precisa passar pelo sofrimento. O projeto de Deus é diferente. Você só chegará ao Céu se estiver aberto à possibilidade de passar, antes, pela Cruz. Acostumando-se com essa ideia, você verá que a melhor alternativa é colocar toda a sua vida nas mãos de Deus, sabendo que não dá para chegar ao Céu evitando a Cruz. É necessário passar por ela.

Aceite as frustrações do dia a dia, os sofrimentos da vida, os percalços que o mundo nos impõe, esforçando-se para superá-los; assim vamos entender tudo aquilo que Deus preparou para nós. A fórmula? Aceite a Cruz, supere-a e siga em frente, pois a vida não para.

Está claro que Deus guarda o melhor para nós. O melhor é o Céu!

63

E Tomé, ao colocar o dedo nas chagas de Cristo, parece dizer, aliviado: "Minha busca chegou ao fim, Deus está aqui!" Yes!

Se usarmos em nossa vida os óculos da fé, veremos os sinais inequívocos da presença de Deus. Um dos discípulos de Jesus, Tomé, não acreditou que o Cristo ressuscitado caminhava junto com eles. Caravaggio, pintor italiano do Renascimento, retratou muito bem em uma tela o drama da falta de fé de Tomé e a misericórdia de Cristo, permitindo que o discípulo tocasse suas feridas. Na tela, é tocante a expressão cansada no rosto de Tomé, que ao colocar o dedo nas chagas de Cristo parece dizer: "Minha busca chegou ao fim. Deus está aqui!"

Poderíamos nos perguntar: "Por que Cristo ressuscitado, com Seu corpo glorioso, ou seja, perfeito, aparece ainda com as chagas e as feridas abertas? Como um corpo perfeito pode trazer feridas?"

Cristo aparece com elas porque quer mostrar até onde chega Seu amor por nós (João 20,26-29). É impressionante como, mesmo ressuscitado, o Senhor Jesus traz em Seu corpo as marcas das feridas que O mataram. Marcas que farão Deus-Pai sempre lembrar até onde chegou a obediência do Seu amado Filho para nos resgatar. Ainda hoje, sentado à direita de Deus, Jesus ostenta as feridas, as mesmas em que Tomé colocou o dedo, dando uma beleza ímpar ao Seu corpo glorioso; as feridas são troféus que mostram até onde chega o amor de Deus por nós! E você ainda não se sente feliz e seguro com tão grande amor?

Se realmente temos fé e acreditamos que Deus caminha ao nosso lado, nossa vida se transforma. Não é possível que tenhamos fé na Ressurreição de Cristo, na vida eterna, e vivamos tristes, cabisbaixos, sem ânimo e infelizes! Felizes aqueles que acreditam sem ter visto. Felizes porque já colocaram sua vida na dinâmica da ressurreição!

A fé é, sobretudo, dom de Deus. Por isso, devemos pedir: "Senhor, eu acredito, mas aumentai a minha fé" (Marcos 9,24).

64

A VIDA PEDE LEVEZA. YES!

É preciso tirar de nossas costas os fardos pesados que nós colocamos, frequentemente exigindo muito de nós mesmos e das pessoas que amamos, talvez por falta de fé, insegurança ou até mesmo pessimismo. É claro que não devemos ser relaxados ou relapsos, mas é preciso saber conviver com nossas imperfeições e com as dos outros.

O mundo precisa de gente espiritualmente leve. Não sejamos uma mala pesada, sem alça e sem rodinha que as pessoas ao nosso lado sofram para carregar. Não devemos colocar em nós e nem em ninguém expectativas demasiadas. O que significa isso? Querer a perfeição dos outros e esperar deles muito mais do que podem dar. Esperar perfeição de si mesmo e de quem quer que seja nunca deu certo; colocar em si mesmo e nas pessoas fardos difíceis de carregar também não.

Aqui a palavrinha mágica é aceitação. Aceite-se, tentando melhorar sempre. Mas goze um pouco daquilo que você já é, aproveite o que você já conquistou e alegre-se com aquilo que você já tem!

Expectativas exageradas não nos permitem valorizar o que efetivamente nós somos. O ser humano é incomparável, cada um é único. Aceite as pessoas que você ama sem exigir perfeição delas. Aceite a si mesmo como você é e alegre-se, porque você é único. Deus o fez assim e jogou fora a fórmula.

Por mais importantes que as outras pessoas sejam, elas não são o centro do seu mundo. Você é o centro do seu mundo, valorize-se! Aceitemos nossas fraquezas e as dos outros, confiando no único ser perfeito: Deus.

65

NÃO É O CORPO QUE CONTÉM A ALMA, MAS É A ALMA QUE CONTÉM O CORPO. YES!

Faça uma faxina espiritual: tire as teias de aranhas da alma e desintoxique a mente! O mundo entulha nosso coração de coisas. A lógica do mundo de hoje é turbinar o corpo e enfraquecer a alma. Mas corpo sem alma não para em pé. O lugar onde se tonifica o corpo é a academia, enquanto a alma é fortalecida no silêncio. Só percebe isso quem tem alma forte!

A alma é a grande esquecida do mundo moderno. Vivemos o culto ao corpo, mas não podemos separá-los. Assim como devemos cuidar do corpo, devemos cuidar também da nossa alma. Esta é o princípio daquele. Não é o corpo que contém a alma, mas o contrário.

Um corpo forte com alma fraca não permanece de pé, é como um prédio muito alto que não tem estrutura. Um dia ele cai fazendo muito barulho. Agora, um corpo fraco com alma forte ninguém pode derrubar. A fortaleza do ser humano, filho de Deus, não está no corpo, mas na alma. É claro que temos de cuidar bem de ambos, mas o que nos levará para frente é a nossa alma!

O que nos tira da cama para um novo dia de lutas e batalhas para que no final obtenhamos a vitória? É ela — é claro —, a nossa alma!

66

Com o sinal da Cruz, vencerás. Yes!

Certamente, estas perguntas já passaram pela sua cabeça: "Por que a Cruz e o sofrimento na vida de Jesus? Deus não podia salvar o mundo de outra forma, sem o sacrifício de Seu Filho amado, Seu único Filho?" Certa feita, perguntaram ao Papa João Paulo II o porquê do sofrimento no mundo. Depois de um minuto de silêncio, ele disse com muita gravidade: "A presença do sofrimento no mundo é um grande mistério."

A Cruz é, sim, um grande mistério inserido no projeto de um Deus que é amor. Para chegar à felicidade que Ele promete, em algum momento é necessário passar por ela. Mas a Cruz não é o ponto final, ela é vírgula, ela representa apenas um momento de toda a nossa existência. Diante de um Deus onipotente e bom, a Cruz continua a nos suscitar perguntas com sua presença misteriosa.

No entanto, a Cruz nos ajuda a recuperar a ideia de sacrifício que o mundo perdeu. O que é sacrifício? É passar do mundano para o sagrado e deixar para trás um conforto que leva ao comodismo.

O imperador Constantino enfrentava uma grande batalha para conquistar o Império Romano do Ocidente. Para tanto, ele deveria conquistar Roma, pois ali estava o Imperador Maxêncio, perseguidor dos cristãos. O exército de Constantino era em menor número que o de Maxêncio, e isso o deixava agoniado. Certa noite, ele teve um sonho: apareceu-lhe a Cruz e uma voz que dizia: "Com este sinal, vencerás." Então, Constantino mandou pintar o sinal da Cruz em todos os escudos dos soldados, e assim venceu a guerra e proibiu a perseguição dos Cristãos em todo o Império. O cristianismo pôde, enfim, crescer... pelo sinal da Cruz.

67

Não renuncie àquilo que você é, mas renuncie àquilo que você se tornou. Yes!

O motor do mundo contemporâneo é o consumo, na maioria das vezes de coisas supérfluas. É preciso vender ao ser humano um sonho, mesmo que pareça impossível. No entanto, no mundo do consumo, é o próprio homem o consumido. É ilusão pensar que todo o bem material que se pode consumir é capaz de preencher as lacunas do coração, que a família feliz retratada no comercial de margarina é real, que ninguém vai nos decepcionar. Igualmente, é ilusão pensar que basta nosso esforço e garra para vencermos, esquecendo que tudo pode acabar de um momento para o outro.

Quando Deus diz que para estar com Ele devemos renunciar a nós mesmos, temos que compreender bem o que significa esse "renunciar": não é renunciar àquilo que você é, mas àquilo que você se tornou! Renunciar às ilusões que o mundo colocou em seu coração.

Voltar a ser você mesmo, vivendo uma vida mais verdadeira possível, arrancando as máscaras e vivendo com coragem aquilo que você é. Isso significa "tomar sua Cruz" (Mateus 16,24). Jesus não procurou Sua Cruz, ela estava em Seu horizonte. Não perca tempo procurando uma Cruz, porque cedo ou tarde ela aparece. É preciso pedir a Deus serenidade e força para caminhar com firmeza e alegria, mesmo tendo de levar a Cruz.

Uma coisa é se revoltar com as situações difíceis, outra é tentar superá-las. A primeira é inócua, a segunda nos ajuda a ver a luz no fim do túnel.

68

DEUS É A ÚNICA RESPOSTA PARA A NOSSA VIDA, NÃO HÁ OUTRA. YES!

Jesus disse: "Eu te bendigo, Pai, Senhor do Céu e da Terra, porque escondeste estas coisas aos sábios e entendidos e as revelaste aos pequenos" (Mateus 11,25). Entendemos que o acesso ao coração de Deus não é pela porta da inteligência (razão), mas pela da sabedoria (coração). Desse modo, o ingresso ao coração de Deus é livre, todo mundo pode chegar lá, basta querer.

Jesus se apresenta como nosso oásis, nosso porto seguro. Sobre isso, encontramos algumas das frases mais belas ditas por Jesus:

> Vinde a mim todos vós que estais cansados e fatigados sob o peso dos vossos fardos, e eu vos darei descanso. Tomai sobre vós o meu jugo e aprendei de mim, porque sou manso

> e humilde de coração, e vós encontrareis descanso para as vossas almas. Pois o meu jugo é suave e o meu fardo é leve. (Mateus 11,28-30).

Deus é o único caminho para nossa vida, não há outro. O ser humano, nesse terceiro milênio, experimenta um progresso muito grande, uma tecnologia muito avançada. Porém, apesar de toda tecnologia, somos muito frágeis, precários e falíveis, e temos data de validade. Por tudo isso, Jesus, o Filho de Deus, Aquele que deixou o Céu para vir à Terra nos salvar, apresenta-se como descanso, um oásis para cada um de nós.

E se não entendermos isto, que toda e qualquer solução de nossa vida passa por Deus, não conseguiremos entender sobre o que é a vida.

69

O TEMPO DE DEUS É O AGORA, NÃO O PASSADO. YES!

É necessário fazer uma leitura positiva da vida. É o que Jesus propõe que os dois discípulos que iam pelo caminho de Emaús, desolados, achando que tudo havia terminado na Cruz, fizessem. Ele, que num primeiro momento não se permitiu ser reconhecido, faz uma leitura positiva de toda a história, partindo de Moisés, ajudando-os a concluir que o final de tudo aquilo não poderia ser a Cruz, mas a Ressurreição. O coração dos discípulos se encheu de alegria (Lucas 24,13-32)!

Uma leitura positiva de nossa história significa não colocar uma lente de aumento sobre os momentos do passado em que sofremos ou que nos fizeram sofrer, mas, ao contrário, colocá-la sobre os fatos positivos da vida, nas vezes que Deus nos amparou e levantou. Se Jesus tivesse mostrado para os discípulos somente o momento da Cruz e da dor, talvez eles jamais recuperassem o ânimo. Isto vale também para nós: se ficarmos lamentando eternamente determinado fracasso, onde encontraremos ânimo para seguir adiante? Portanto, foque nos momentos em que Deus agiu com Sua força poderosa, sabendo que, se Ele agiu uma vez, certamente agirá de novo.

O tempo de Deus é o agora, não o passado. Quando apareceu para os discípulos a caminho de Emaús, Jesus mal se lembrava da Cruz. O foco agora era a Ressurreição, era levar adiante aquela bela notícia. Ou seja, Jesus virou a página. Devemos pedir forças a Deus para virarmos a página, principalmente aquelas que teimam em se pôr pela milésima vez diante dos nossos olhos.

O tempo de Deus é movimento, reação, reinvenção e recomeço. Passe da Cruz para a Ressurreição!

70

DEUS É AMOR! YES!

O amor é a força que sustenta o mundo. É o ponto que equilibra todo o peso do universo. Portanto, é a única condição que nos ajuda a manter nossa sustentação. Tudo aquilo que tem como base o ódio, o rancor e o ressentimento se destrói, não vinga. É sobre a base do amor que Jesus desenvolve toda a Sua pregação. O amor constrói; o ódio destrói. Santa Terezinha dizia: "No coração da Igreja, quero ser o amor." Jesus sempre lembrava aos discípulos: "Um novo mandamento vos dou: Que vos ameis uns aos outros; como eu vos amei a vós, que também vós uns aos outros vos ameis" (João 13,34). Se Deus faz morada no coração daquele que ama, quem mora no coração daquele que odeia?

Tire o amor como característica de Deus e você desfigurará Sua imagem. Sem amor, Deus deixa de ser Deus. Certo dia, eu estava refletindo sobre o amor único de Deus por cada um de nós e de repente me lembrei da minha família. Somos cinco irmãos, e concluí que a minha mãe não nos ama da mesma forma. Descobri que ela tem um amor diferente por cada um, conforme a necessidade de cada filho, mas que ela não ama um mais que o outro. Ela ama a todos de forma diferente, mas com a mesma intensidade. O amor de mãe é o que na Terra mais se aproxima do amor de Deus.

Por que Deus se revela à humanidade e a cada homem? A resposta é simples e ao mesmo tempo profunda: porque Deus nos ama. Levado por seu amor, Deus se faz presente em nossa vida. Deus é amor!

71

DEUS AMA A CADA UM DE FORMA DIFERENTE. YES!

Deus não pode ser para mim apenas um conceito, uma ideia, uma abstração, mas um acontecimento que marca minha existência. Quando eu vivo esse amor, eu toco o Infinito, que é o próprio Deus. Levarei essa marca para sempre em meu coração. Nosso Deus não está isolado no Céu, gozando Sua infinita divindade. Se fosse assim, Ele seria um Deus totalmente egoísta, absolutamente centrado no Seu ego. Ao contrário, Deus é altruísta, pois está sempre se importando com o outro, e esse outro somos nós. Deus entra na nossa história simplesmente porque Ele nos ama. Deus ama a cada um de nós de maneira única. Deus não reparte amor, mas ama a cada um de forma diferente. O amor de Deus é singular. Deus é amor!

"Ai" de nós se não amarmos, especialmente nossos inimigos. Somente quando amo eu me assemelho a Deus. Amar o inimigo é difícil, vai contra a nossa natureza; mas, para realizarmos em nossa vida essa proposta de Deus, é necessário até mesmo ir contra a nossa natureza. Jesus não é ingênuo, não é bobo; Ele quer nos dar uma arma contra o Inimigo, e a única arma que pode frear o poder dele é o amor. O Inimigo não pode fazer nada no coração da pessoa que ama, mas pode fazer festa no coração da pessoa que odeia. Não percamos as chances para exercitar nossa capacidade de amar.

Infelizmente, fomos educados para não demonstrar fraqueza e, quando falamos para alguém "Eu amo você", parece que estamos sendo fracos e deixando cair nossas defesas... Mas é exatamente aí que estamos sendo fortes, pois aquilo que é fraqueza para o mundo é fortaleza para Deus.

72

Deus jamais nos abandona na dramaticidade da existência. Yes!

Algumas cenas da vida de Jesus são dramáticas. Nosso Deus é um Deus que chora, algo essencialmente humano. Quem já viu um Deus chorar? Ele chora a morte de um amigo querido. Sente o drama da vida humana. Existe uma estreita conexão entre o drama humano e a misericórdia divina, por isso Deus jamais nos abandona na dramaticidade da existência.

Jesus pergunta a Marta se ela tem fé, porque tudo o que Jesus irá fazer nesse momento para resgatar a vida de Lázaro das mãos da morte deverá ser realizado pela fé. "Lázaro, vem para fora!" (Jo 11,43), Jesus diz com autoridade. Marta ficou estupefata quando Jesus pediu para abrir o túmulo. Ela diz, meio escandalizada: "Senhor, já cheira mal, pois há quatro dias que ele está aí" (v. 39).

Quantas histórias trazemos no nosso coração que já estão cheirando mal! Às vezes vivemos presos a um passado, a algo que aconteceu há tanto tempo na nossa vida, mas que deixamos guardadinho lá no túmulo, apodrecendo, cheirando mal, contaminando toda a nossa vida. Peça libertação ao Senhor! Ele ordenou a Lázaro que abandonasse a escuridão e o mau cheiro do túmulo; também chama você para abandonar a escuridão dos fatos do passado que tiram a sua paz e impedem a sua felicidade. Seja o que for, já ficou no passado, e hoje o Senhor lhe diz: "Vem para fora."

Vem para fora! Vida nova!

73

Há que se procurar um sentido para o sofrimento, qualquer que seja ele. Yes!

A Cruz de Jesus fala da dor e do sofrimento humano a ponto de a palavra "cruz" ter se tornado sinônimo de sofrimento. Dizemos constantemente: "Eu tenho que carregar minha Cruz!" Ou "Senhor, me dê forças para carregar a minha Cruz". A fé não o livra de ter problemas, mas é uma garantia de que Deus está sempre conosco. Não podemos permanecer em uma vida de ilusões, achando que Deus patrocina todas as facilidades. "Basta pagar o meu dízimo que tudo está garantido." "Quanto maior o meu dízimo, maior a proteção que Deus me dá." Quem disse que dízimo é apólice de seguro e Deus, um corretor?

Sem dúvidas, o fato de Jesus se submeter à morte tem um sentido muito profundo e muito fecundo. Há o sofrimento que é suportável, quando existe um sentido para ele, e um sofrimento que é insuportável, quando não há sentido algum. Há que se procurar um sentido para o sofrimento, qualquer que seja ele. Uma senhora uma vez me disse, com relação ao sofrimento que passava: "Se até Cristo sofreu, quem sou eu para não sofrer?"

O sofrimento também pode ser entendido a partir de uma liberdade humana mal conduzida, corrompida pelo pecado. Pelo livre-arbítrio, o homem pode escolher entre o bem e o mal. Infelizmente, tantas vezes termina por escolher o mal, sofrendo as consequências dessa escolha, deixando assim o sofrimento entrar em sua vida. No dizer de Santo Agostinho, trocando um bem maior por um bem menor.

Deus, com Seu amor, é como aquela mãe paciente que vai tentando acertar todas as artes e travessuras que o filho faz.

74

O MELHOR ESTÁ AINDA PARA ACONTECER. YES!

Existe uma linha invisível que separa as coisas do mundo das coisas de Deus. Estamos na Terra, mas nosso endereço definitivo é o Céu. De certa maneira, vivemos entre a Terra e o Céu. Portanto, é preciso buscar um equilíbrio entre essas duas realidades. Não posso permanecer com a cabeça nas nuvens, mas também não posso ficar com a cabeça enterrada. O bilhete de passagem se compra aqui!

Por meio da nossa alma, trazemos a eternidade em nós, pois a alma é eterna. Nosso corpo nos lembra de que somos da Terra. Estamos sob o governo do Céu e ao mesmo tempo sujeitos às leis da Terra. Se é realmente verdade que o nosso endereço é o Céu, por que então a Terra? Porque, de certa forma, estamos em gestação. É necessário passar pela Terra e cumprir bem a nossa missão aqui. Assim se nasce para a vida eterna. Logo, para nós, o melhor está para acontecer!

A Terra é o lugar do "mais ou menos". O Céu é o lugar do "tudo de bom". Não espere tudo dar certo para começar a ser feliz. Felicidade perfeita só no Céu. Seja feliz agora, ao modo da Terra, esperando um dia para ser feliz ao modo do Céu. Se a Terra é o lugar do "mais ou menos", esteja pronto para o mais, e também para o menos. Estamos com os pés na Terra, mas o nosso coração tem sede do Céu!

Seja feliz agora, do jeito que as coisas estão, ou espere sentado por um momento que jamais virá. Nas bordas da existência se encontra a felicidade!

75

A FAMÍLIA EXISTE PARA PROTEGER E AMAR O OUTRO, DECIDIR PELO OUTRO QUANDO ESTE NÃO PODE MAIS FAZÊ-LO. YES!

Deus depositou todas as Suas fichas na Sagrada Família. A história da Salvação passa por uma família. A família se fortalece depois de passar unida por grandes dificuldades. Se a Sagrada Família enfrentou graves problemas, imagine a nossa! Se vivemos momentos bons e felizes em família, é certo que vivemos, também, momentos não tão bons assim. Porém, devemos imitar a Sagrada Família, ouvir a voz de Deus e agir! José é o homem que protege a família, não foge à responsabilidade, é decidido, ouve a voz de Deus e age! Hoje em dia, muitas mulheres são "o homem da casa", porque o homem, por diversos motivos, não consegue mais desempenhar esse papel, enfraquecendo a família.

Uma das vias para termos um boa convivência familiar é aceitar a nossa família como ela é. Mas, se minha família precisa de uma mudança para ser melhor e mais feliz, essa mudança deve então começar a partir de mim. A família é o único grupo permanente em nossa vida, ao qual pertencemos de fato. Precisamos apostar e investir nela, em seu bem-estar e felicidade, para que a nossa casa seja um oásis de tranquilidade em meio a um mundo tão complicado.

Alguns porcos-espinho viviam juntos em um lugar muito frio. Como tinham de se proteger daquele lugar gelado, aproximavam-se em demasia e, ao se aproximarem, feriam constantemente uns aos outros. Por isso, decidiram viver separados, mas assim começaram a morrer de frio, pois não se protegiam mais mutuamente. Apesar dos espinhos, somente o calor da nossa família assegura nosso bem-estar e sobrevivência.

76

Jesus é o lance mais audacioso de Deus na luta do bem contra o mal. Yes!

Na manifestação de Jesus ao mundo, vemos que o bem é uma força que se impõe à força do mal. Jesus é o lance mais audacioso de Deus nessa luta. Poderíamos perguntar: "Por que Deus simplesmente não aniquila o mal?" Não há resposta para essa pergunta, embora Deus, na Sua suprema inteligência, submeta-se às regras que Ele mesmo cria. Quando Deus-Filho veio ao mundo, Ele se submeteu a essas mesmas regras, mesmo sendo Deus, e decidiu passar por tudo o que o ser humano passa (Filipenses 2,5-8, Hebreus 2,9-10,14-18).

Na luta do bem contra o mal, vimos como Deus se arriscou, e só quem ama arrisca-se a perder tudo. E em qual momento Deus poderia ter perdido tudo? Na Cruz. No exato momento em que Jesus morria na Cruz, todo o plano de Deus poderia ter ido por água abaixo, ou seja, a Cruz era a vitória do mal, pois crucificar o Filho de Deus é o apogeu do mal. O mal pulou de alegria quando viu Jesus na Cruz.

Grande engano! O bem vence porque Jesus, o Bem crucificado, não sucumbe ao mal. Se Jesus tivesse se revoltado, exigido que Deus o tirasse da Cruz, ou até mesmo tratasse com desprezo os seus algozes, o mal teria vencido. Mas, porque Jesus em tudo aceitou a vontade de Deus, não revidou e ainda pediu que Deus nos perdoasse e morreu nos amando, o mal perdeu a sua força e o bem venceu.

Lidar com o mal praticando o mal o fortalece. Lidar com o mal praticando o bem o enfraquece. Quanto mais bem, menos mal; quanto mais luz, menos trevas.

77

De onde nasce a nossa alegria? Do fato de sabermos que Jesus é o Messias, o Filho de Deus. Yes!

João queria saber se Jesus era o Messias, e este mandou relatar a João todas as maravilhas que vinham acontecendo: os cegos viam, os paralíticos andavam, os leprosos eram curados, os surdos ouviam, os mortos ressuscitavam e aos pobres era falado sobre Deus. Em outras palavras, Jesus era o Messias (Mateus 11,1-6).

Desde o encontro entre Maria e Isabel, grávidas, no qual João Batista agita-se no ventre de Isabel quando ela recebe a visita de Maria, trazendo no ventre Jesus, trinta anos são passados (Lucas 1,39-45). A situação agora é outra. João Batista está preso e será executado da pior maneira possível: com a decapitação. Jesus está pregando o Evangelho a todo vapor e, ao mesmo tempo, sendo perseguido pelos fariseus que o levarão para a morte na Cruz. Mas, ainda assim, naquele momento na cadeia, no qual João recebe a confirmação de que o seu primo Jesus é o Messias, a felicidade toma conta do seu ser. Deus cumpriu Sua promessa, e João Batista, o profeta, não fora enganado. Deus jamais engana um filho!

Vendo a alegria de João, em meio a sua situação, podemos perguntar: de onde nasce a nossa alegria? Do fato de sabermos que Jesus é o Messias, o Filho de Deus. O Senhor não se esqueceu de nós! Por causa disso, mesmo diante dos problemas da vida, devemos manter a nossa alegria e a partir dela construir em nossa vida um estado de felicidade.

Jesus é o Messias, o Filho de Deus: nossa alegria vem do fato de estarmos cientes disso.

78

É O AMOR! YES!

Fariseus e saduceus colocaram Jesus à prova. Quiseram desqualificá-Lo como Mestre e levá-Lo à morte. Não aceitavam que Ele se portasse como Filho de Deus, mas as armadilhas que fariseus e saduceus colocaram no caminho de Jesus para que Ele caísse tiveram efeito contrário: eles que caíram nas armadilhas das respostas perfeitas de Jesus.

E eis, então, que chega o grande momento. Fariseus e saduceus querem dar o xeque-mate em Jesus. Se estivéssemos assistindo a uma peça teatral, esse seria o momento em que a plateia quase perde a respiração. Fariseus e saduceus escolhem, então, o mais sábio dentre eles para fazer a Jesus a pergunta considerada fundamental para os judeus, e o fariseu pergunta: "Qual é o maior mandamento da Lei?" Faz-se silêncio.

Será que Jesus vai acertar? Será que ele saberá dar a resposta correta? Se errar, será acusado como blasfemo e apedrejado na mesma hora. É uma pergunta dificílima porque os judeus seguiam mais de seiscentos preceitos, com minúcias e detalhes. No entanto, para uma pergunta assim, fundamental, a resposta deveria sê-lo igualmente. E Jesus então responde: "Amarás o Senhor teu Deus de todo teu coração, de toda tua alma e de todo teu espírito. Este é o maior e o primeiro mandamento. E o segundo, semelhante a este, é: Amarás teu próximo como a ti mesmo." Resposta perfeita. Podemos imaginar fariseus e saduceus se entreolhando, engolindo em seco e saindo de fininho (Mateus 22,34-40).

A resposta de Jesus transformava todos os preceitos judaicos em apenas um: a lei do amor. O amor a Deus e ao próximo. Com Sua resposta, Jesus surpreendeu até mesmo os Seus inimigos. A resposta fundamental para a pergunta fundamental é o amor.

79

Reconheçamos agora o milagre que a nossa vida é! Yes!

Deus não nos deu uma vida qualquer; a vida humana é a que mais se assemelha à vida divina, pois Deus nos criou à Sua imagem e semelhança. E o fato de Deus ter nos dado uma vida assim configurada significa que somos um milagre ambulante. O simples fato de estarmos vivos é uma forma de Deus sorrir lá do Céu e falar para Ele mesmo: "Olha lá aquele meu filho, olha lá aquela minha filha, eles são simplesmente milagres que eu fiz. Está vendo fulano? Ele é um milagre que eu fiz. Milagres ambulantes!" Então, lá do Céu, Deus aponta o dedo para nós e nos diz: "Você é o Meu milagre! Você não é fruto do acaso, de um encontro fortuito entre o seu pai e a sua mãe. Não! Eu o fiz, Eu o pensei, Eu o projetei no seio da sua mãe. Eu o consagrei. Você é o Meu milagre."

Jesus curou dez leprosos; apenas um voltou para agradecer, e voltou porque ele ficou assombrado, maravilhado com aquele milagre.

Os outros deram aquilo por descontado, como se fosse a coisa mais normal do mundo. Não era e não o é. Pelo menos um deles reconheceu o milagre feito na sua vida e agradeceu (Lucas 17,11-19)!

Você não é uma obra do acaso. Você é um milagre ambulante!

80

O presente que mais agrada a Deus é o nosso coração. Yes!

Jamais vamos compreender por que Deus nos ama tanto a ponto de deixar o Céu e vir à Terra fazer morada no meio de nós. Ele é Emanuel, "Deus conosco". Deus se humilha para mostrar a cada um de nós que ninguém está sozinho. Deus nos mostra que nunca, por nenhum momento, nos abandona. Jamais abandonou e jamais abandonará. Por que Deus se fez homem? Porque ele nos ama absurdamente. E por que Ele nos ama absurdamente? Não adianta! Jamais vamos compreender!

O presente que mais agrada a Deus é o nosso coração. Mas eu não tenho como oferecer meu coração a Deus se ele está carregado das coisas do mundo: ressentimento, ódio e mágoas. Como vou dar a Deus um presente contaminado? Não posso. O que devo fazer? Fazer um esforço verdadeiro para esvaziar meu coração de tudo o que é ruim.

Há uma história sobre um pastor muito pobre que não tinha nada para oferecer ao menino Deus em Seu nascimento. Ele se entristecia ao ver as pessoas chegando com presentes caros e bonitos, tais como ouro, incenso e mirra, e ele ali, coitado, com as mãos vazias, braços desocupados, sem nada para oferecer. De repente, Maria, que segurava o menino Jesus, muito atarantada para arrumar todos os presentinhos, pediu para o pastor: "Por favor, segura ele um pouquinho, enquanto arrumo as coisas aqui." E aquela foi a maior alegria para o pastor: segurar o Menino Jesus, mesmo que por alguns minutos. Que estejamos com os braços desocupados e o coração vazio das coisas do mundo para que também possamos segurar o Menino Jesus e oferecer nosso coração a Ele.

Esteja com o coração vazio de coisas ruins e os braços vazios das coisas do mundo para segurar o "Deus conosco".

81

A humildade possibilita que Deus trabalhe em nosso coração. Yes!

Com um exemplo muito simples, Jesus nos deixa um grande ensinamento sobre a humildade e nos faz entender que ela é uma virtude fundamental para aqueles que querem alcançar o verdadeiro êxito na vida. Ser bem-sucedido é ser santo. Entrar em um processo de desenvolvimento é entrar em um processo de santidade. A humildade nos faz bem-sucedidos!

Jesus aconselha: "Quando você for convidado para uma festa, não ocupe o primeiro assento. Pode acontecer de o dono da festa pedir o seu lugar para alguém mais importante para ele. Quando você for convidado para uma festa, ocupe o último lugar. Assim, o dono da festa dirá: 'Amigo, venha um pouco mais para frente', e isso será motivo de alegria para você" (Lucas 14,8-10).

Humildade deriva de *humus*, que significa "terra, chão, baixo". Portanto, ser humilde é saber se abaixar, saber reconhecer que não somos superiores a ninguém e nem detemos o monopólio da santidade, da verdade e da sabedoria.

O contrário da humildade é a soberba. É justamente esse o pecado do diabo, pois, querendo ser mais do que Deus, ele prefere reinar no inferno a ser menor do que Deus no Céu. Portanto, a humildade é o remédio para a soberba, para a mania de grandeza.

82

É essencial que reconheçamos Deus como o Senhor absoluto de nossa vida. Yes!

Dois homens sobem até o templo para rezar. Diante de Deus, um se reconhece o máximo e o outro, o mínimo. Aquele que se reconhece o mínimo sabe que, mesmo em meio a sua grande fragilidade, ele deve tudo a Deus, por isso ele reza. Ele reconhecia Deus como o Senhor absoluto da sua vida. O que se achava o máximo reconhecia Deus como o maior, mas não reconhecia Deus como o maior da sua vida! Conhecia Deus pela razão, mas não o conhecia com o coração. Pois bem... um sai do templo pior do que entrou, pois exaltou apenas o seu ego, rezou para si mesmo; o outro, ainda que pecador, retorna para casa melhor, pois reconheceu Deus como o Senhor da sua vida e da sua história.

Reconhecer verdadeiramente Deus como o Senhor da nossa vida oferece uma segurança e uma tranquilidade que o mundo jamais poderá nos oferecer. À medida que plantamos em nosso coração a certeza de que quem nos protege é Deus, então estamos assegurados. Assegurados na fé. Não existe nenhuma apólice de seguro que cubra isso.

O que se achava o máximo levou para o templo apenas o seu ego. Levou o seu EU: "Olha, Senhor, como EU sou bom. Olha como EU sou generoso." E nós fazemos o mesmo. O que importa são os MEUS problemas, as MINHAS histórias, os MEUS acertos, as MINHAS qualidades: eu, eu, eu.

O que se achava o mínimo fez o contrário: não destacou o EU, mas o próprio Deus. Naquela relação ele não era o maior. Maior era Deus! Ele foi humilde. Reconheceu o grande poder e força que Deus tinha sobre ele, assim como o Seu grande amor por ele. Voltou justificado porque compreendeu que Deus é o Senhor da sua vida (Lucas 18,9-14)!

Reconhecer verdadeiramente Deus como o Senhor da nossa vida nos dá uma segurança e uma tranquilidade que o mundo jamais poderá nos dar.

83

Deus jamais se cansa de apostar em nós e de nos dar uma nova chance. Yes!

"O diabo pecou logo depois do primeiro instante de sua criação",[10] ensina Santo Tomás de Aquino. Dotado de liberdade, ele conspirou contra Deus, tentando ser como Deus, valendo-se de suas próprias forças sem recorrer à graça de Deus: "Desejou como fim último, aquela semelhança com Deus, que é dom da graça, quis possuí-la pela virtude de sua natureza, não por disposição do auxílio divino." Tomás completa: "Indubitavelmente pecou o anjo desejando ser igual a Deus."[11] E caiu!

Agora, não podendo atingir a Deus, o diabo procurará atingir o homem e a mulher, caros a Deus, que, por amor, os criara à Sua imagem e semelhança. Travestido de serpente fez com que Adão e Eva desobedecessem a ordem de Deus, comendo o fruto proibido, acreditando na falsa promessa de que, assim, seriam como Deus. Eles caem na conversa da serpente e cometem o primeiro pecado da humanidade: a desobediência a Deus. A partir deste momento, o pecado entrou no mundo, e junto com ele a violência, a dor, o sofrimento, a morte, e até hoje nos persegue.

Mas tudo seria ainda pior se Jesus Cristo não tivesse dado a Sua vida para nos salvar do primeiro pecado e dos demais e, assim, reconciliar-nos com Deus. Em Cristo, Deus nos dá uma nova chance...Ele é o Cordeiro de Deus que tira o pecado do mundo. Foi preciso que alguém livre de todo o pecado morresse por nós. E Cristo fez tudo isso. Por amor!

Eis a tragédia terrível do nosso pecado: custou a vida do próprio Filho de Deus.

84

À INFINITA BONDADE DE DEUS PERTENCE PERMITIR MALES PARA DELES TIRAR UM BEM AINDA MAIOR. YES!

Presenciamos fatos terríveis que nos levam a constatar o triunfo do mal no mundo. Em momentos assim a nossa fé vacila e perguntamos: "onde está Deus?" Assim o fez o Papa Bento XVI ao visitar Auschwitz, campo de concentração nazista onde mais de um milhão de judeus foram assassinados. "Quantas perguntas surgem neste lugar! Sobressai sempre de novo a pergunta: onde estava Deus naqueles dias? Por que Ele silenciou? Como pôde tolerar este excesso de destruição, este triunfo do mal?", disse o Papa para fazer logo em seguida um apelo ao Deus vivente para que semelhante atrocidade não voltasse a acontecer.[12]

A presença do mal e do sofrimento no mundo junto à presença de um Deus amoroso e onipotente levou Santo Tomás de Aquino a considerar o poder da força do mal como o argumento mais forte daqueles que não acreditam em Deus. "Se Deus existisse, não haveria nenhum mal. Ora, encontra-se o mal no mundo. Logo, Deus não existe", pensam os ateus. Para convencê-los da Providência de Deus no mundo, não obstante a presença do mal e do sofrimento, Tomás explica, utilizando-se do pensamento de Santo Agostinho: "Deus, soberanamente bom, não permitiria de modo algum a existência de qualquer mal em suas obras se não fosse poderoso e bom a tal ponto de poder fazer o bem a partir do próprio mal." E conclui: "Assim, à infinita bondade de Deus pertence permitir males para deles tirar o bem."[13]

Quando passamos por situações difíceis em nossa vida, resta-nos somente a fé e a confiança em Deus. Quando o bem parece ter sido esquecido, é preciso manter no coração a certeza de que Deus está no comando do nosso barco à deriva. Devemos conservar a firme convicção de que o mal não triunfará. O sofrimento é apenas uma vírgula na existência humana. O ponto final quem coloca é Deus, o sumo Bem, com a sua providente misericórdia.

Quando achar que o mal está vencendo, mantenha no coração a certeza de que Deus está no comando e nunca nos abandona.

85

Não posso apostar todas as minhas fichas aqui na Terra, mas devo apostar muito mais no ponto de chegada, que é o Céu. Yes!

Não *somos* da Terra, mas *estamos* nela. Com isso em mente, não devemos nos descuidar jamais do verdadeiro mundo, do ponto de chegada. A Terra e toda a nossa história nela é o ponto de partida. No entanto, devemos nos preocupar muito mais com o ponto de chegada: a vida eterna.

Não posso apostar todas as minhas fichas no ponto de partida, pois posso não conseguir chegar ao final: o Céu. Para que eu não desanime, uso como combustível a luz da fé, que ilumina todo o percurso. Corremos na fé!

Jesus contou a história de um servo relapso que, ao ver que o seu senhor demora a chegar, em vez de cuidar bem e administrar com correção os bens do seu patrão, espanca os seus companheiros, embriaga-se, enfim, faz tudo errado. E Jesus alerta: "O Senhor daquele servo virá em dia imprevisto e hora ignorada. Ele o partirá ao meio e lhe designará seu lugar entre os hipócritas. Ali haverá choro e ranger de dentes" (Mateus, 24,50).

A mensagem é muito clara: não sabemos quando passaremos desta vida terrena à vida eterna. Por isso, temos de ser vigilantes. Mesmo que não consigamos ser um empregado exemplar, ao menos não seremos um tipo relapso. Se nos dedicarmos a fazer tudo da melhor maneira possível, como um empregado que cuida bem da casa, seremos recompensados. Viver a passageira vida na Terra sem comprometer a vida eterna no Céu, talvez, mais do que questão de fé, seja questão de inteligência.

Um corredor profissional, quando cruza a linha de chegada depois de uma dura corrida, sente-se como no Paraíso. Os que creem na vida eterna e são vigilantes alcançam o Paraíso.

86

Quando se tem fé, não há fantasmas. Yes!

Quando Jesus caminha sobre as águas, em um dos Seus mais célebres milagres, os discípulos, em vez de verem um milagre — porque naquele momento tinham uma fé enfraquecida —, viram um fantasma. Jesus estava rezando em um monte e os discípulos estavam no barco, no mar. De repente, ondas começaram a agitar o barco. Perigo! Jesus percebeu e foi ao encontro dos discípulos caminhando sobre o mar. Quando viram aquela cena, os discípulos pensaram se tratar de um fantasma. Quando não se tem fé, é difícil ver Deus agindo na vida, então começamos a ver fantasmas para todos os lados. Sem fé, sobram os fantasmas.

O discípulo Pedro, aterrorizado com a violência do mar, em vez de apresentar a Deus uma fé robusta, quis testar Jesus, dizendo: "Senhor, se és tu, manda-me ir sobre as águas até junto de ti!" (Mateus 14,28). Jesus aceitou o desafio: "Vem!" (v. 29). Pedro deixou o barco e começou a andar sobre o mar. Do outro lado, Jesus pacientemente espera para ver até onde vai a fé de Pedro. E ela dura pouco! Afundando, ele gritou: "Senhor, salva-me!" (v. 30). Jesus, então, age.

Precisamos apenas de uma palavra mágica para transformar nossa vida. Essa palavra é a dita por Pedro: "Salva-me!" Quando dizemos isso com fé, Deus estende o braço e me resgata do mar bravio que quer me engolir.

87

Temos um Herói verdadeiro, e Ele é o nosso Deus, que nos salvou do mal. Yes!

Na parábola do Filho pródigo, vemos a história de um pai que, ao recuperar o filho perdido, se alegra e dá uma grande festa. A misericórdia de Deus não tem lógica alguma, por isso jamais vamos compreendê-la. Misericórdia é o jeito divino de ser. Deus não nos trata segundo a lógica humana, que é o jeito humano de ser. Ele nos trata segundo a lógica dEle, que é o jeito divino de ser. Deus olha para a humanidade, vê a nossa miséria e se compadece. Nós vemos parte; Deus vê tudo.

Deus é o princípio da nossa vida, sendo Ele tudo para nós, não precisamos de super-herói. Homem-aranha, Batmam ou Wolverine, é tudo ficção. No mundo real, temos um verdadeiro herói que nos salvou do mal. Temos um Deus que desafiou o mal mais profundo e venceu.

John Lennon disse que os Beatles eram mais populares que Jesus Cristo. Hoje, os Beatles não existem mais e Deus está aí, mais forte do que nunca. O filósofo alemão Nietzsche decretou a morte de Deus dizendo: "Deus está morto." Tantas pessoas acreditaram nisso que se chegou a escrever em um muro da Alemanha: "'Deus está morto.' Assinado: Nietzsche." Quando Nietzsche morreu, escreveram: "'Nietzsche está morto.' Assinado: Deus."

Deus é o nosso princípio mais absoluto e sem Ele não chegamos absolutamente a lugar algum.

88

Quando Deus recupera um coração perdido, há festa no Céu. Yes!

Nas parábolas sobre objetos perdidos, Jesus fala da grande alegria que seus proprietários sentiam ao encontrar o que se perdera. Mas o pai que perde seu filho não somente se alegra quando o recupera como manda dar uma festa. O pai que não tem mais seu filho consigo muitas vezes não consegue recuperar novamente o sossego, a alegria e a serenidade. Como ele se sente quando o filho retorna ao lar?

Assim também é Deus quando percebe que o mundo nos roubou dEle. Ele também não tem mais sossego, não tem serenidade, não tem alegria, por isso está sempre esperando nosso retorno. O grande drama é que, a cada momento, o mundo nos rouba de Deus. Todas as vezes que colocamos nosso coração nas coisas do mundo, preferindo um bem menor a um bem maior, podemos considerar que nosso coração foi roubado e que também somos um filho perdido. O que fazer? Permita que Deus encontre seu coração por meio da oração, da caridade e da prática do bem. Não há nada mais bonito que um Pai reecontrando seu filho.

> Um Deus de misericórdia é um Deus que quer fazer alguma coisa em nossa vida, tirando-nos da miséria em que eventualmente estivermos. Tudo o que Ele quer é dar uma grande festa quando deixamos a Sua misericórdia invadir o nosso coração.

89

Estaremos no caminho certo quando tudo em nossa vida girar em torno de Deus. Yes!

Acreditamos que Cristo é o Rei do universo e ao mesmo tempo o retratamos pregado à Cruz. Não é uma contradição? Que Rei é esse? Na verdade, não é uma contradição o reinado de Cristo começar a partir da Cruz! Quando se começou a representar o Cristo crucificado, a imagem ali não era do Cristo morto, mas do Cristo coroado, significando, assim, que ele reina a partir da Cruz.

Se o Reino de Cristo começa a partir da Cruz, fica claro de que tipo de reinado estamos falando. O reinado de Cristo não tem a ver com dinheiro, posses, status, consumismo ou poder, mas tem tudo a ver com verdade, amor, justiça, paz, perdão e felicidade.

Não basta admitirmos que Cristo é o Rei do universo, é preciso colocá-lo como o Rei da nossa vida. Precisamos mudar um paradigma, pois às vezes nos sentimos o centro do universo e queremos que tudo gire em torno do nosso umbigo, mas isso tudo é falso. Quem deve estar no centro da nossa vida é o próprio Deus; nossa vida só dará certo quando nós — e todas as coisas — girarmos em torno de Deus.

Muita gente reclama que não se sente amada por Deus. Quem faz essa reclamação é porque, de alguma forma, não se sente culpado pela morte de Jesus. A partir do momento em que batermos no peito e dissermos "Eu matei Jesus", vamos aceitar o mistério de um Deus que se entrega à morte simplesmente por amor à humanidade, um Deus que faz da Cruz o início do Seu reinado.

90

Deus se fez homem por puro amor! Yes!

As pessoas se perguntam: "Por que Deus se fez homem?" Alguns respondem: "Para a nossa salvação, pois, para livrar-nos do pecado, mandou o próprio Filho para assumir toda a culpa da infidelidade humana." Porém, todas as respostas podem ser resumidas em: "[...] de tal modo Deus amou o mundo que lhe deu Seu Filho único, para que todo o que nEle crer não pereça, mas tenha a vida eterna" (João 3,16). Bingo!

Podemos ver no nascimento de Deus na Terra uma grande riqueza espiritual junto a uma grande pobreza material. A riqueza espiritual se vê nos anjos cantando, na estrela que conduz os magos, nos anjos que avisam os pastores da chegada do Messias. A pobreza material se revela em Deus nascendo sem teto, entre os animais em um curral, sendo colocado no local em que os animais comiam. A pobreza material de Deus é um sinal para que sejamos mais sóbrios e que nos atenhamos ao essencial. É um sinal para sabermos que o nosso progresso espiritual está pouco relacionado aos bens materiais que possamos ter, mas, sim, à bondade do nosso coração.

Quando Deus nasce, naquele momento o mundo se enche de paz. "Glória a Deus no mais alto dos Céus, e na Terra paz aos homens, objetos da benevolência (divina)", cantam com alegria os anjos. O homem necessita de paz para estar bem. Quando não temos paz, alguma coisa nos falta. Ela está muito perto do bem-estar e o bem-estar está muito perto da felicidade. Então, quem está com o coração em paz está também feliz. Lembremo-nos de que não existe paz quando não existe justiça. Então, esforcemo-nos para fazer a justiça acontecer, a fim de que possamos viver o grande dom da paz.

91

Se você gosta tanto do pão da Terra, espere para ver o que será o Pão do Céu. Yes!

Jesus parte o pão da Terra para nos falar do Pão do Céu. Ele reconhece que o pão da Terra é importante, mas que o Pão do Céu é fundamental. Uma multidão segue Jesus, bebe de suas palavras e se alegra com a boa-nova. Esse é o cenário em que Jesus vai realizar um de seus mais célebres milagres: com cinco pães, Ele dá de comer para mais de cinco mil pessoas.

Assim como o pão da Terra é necessário para o corpo físico, o Pão do Céu é necessário para alimentar a alma. Se a vida terminasse aqui, se nada mais houvesse, bastaria-nos o pão da Terra. Mas, porque temos em nós algo que é eterno, nossa alma imortal, então necessitamos do Pão do Céu. Nosso desafio é passar do pão da Terra, das preocupações passageiras do cotidiano, e focar no Pão do Céu. Quem faz a passagem do pão terreno para o Pão celeste consegue reconhecer Jesus como Rei e Senhor. O pão da Terra sacia nossa fome momentânea, mas comemos e dali a pouco sentimos fome de novo. O Pão do Céu, que é o próprio Deus, sacia nossa fome de eternidade. Quem comer desse Pão, diz Jesus, nunca mais terá fome.

Esperar que Jesus nos dê somente o pão da Terra é esperar muito pouco dEle. Ele pode nos dar mais, muito mais. Ele nos dá o próprio corpo; Ele se dá por inteiro. Ele é o próprio Pão do Céu.

92

Para que o nosso projeto de vida dê certo, não podemos esquecer o essencial: confiá-lo a Deus e só a Ele. Yes!

Jesus propõe aos discípulos um projeto de vida: entregarem-se pelo Evangelho. Ele tinha como missão revelar ao mundo que Deus tem um rosto, e este é a face de um Pai. Jesus foi fiel ao seu projeto de vida até o fim. Cada um de nós deveria tê-lo e lutar por ele, empenhando-nos completamente para que se realize, independente de idade, cultura ou condição social. Um projeto de vida nos aponta o caminho. Quando sabemos onde queremos chegar, o mundo se afasta e nos deixa passar. Às vezes, a nossa vida não anda para frente simplesmente porque não sabemos o que queremos.

Em nosso projeto de vida estão nossos sonhos e também as pessoas que amamos. Devemos arriscar tudo para que esse projeto dê certo. Porém, não podemos colocar nele expectativas exageradas, como ganhar na Mega-sena até o final do ano. Não vai dar certo! Ele precisa ser honesto e viável, e devemos usar toda a nossa energia e talento para realizá-lo. Desse modo, não existirá possibilidade de esse projeto não dar certo; porque, quando coloco o coração nele, Deus o transforma em um projeto dEle.

Se nada em sua vida dá certo e você não sabe mais o que deve fazer, desenvolva um projeto de vida e apresente-o a Deus. Lute por suas metas para que seu sonho se realize.

93

Por meio da nossa fé, encontramos a resposta: Deus. Yes!

Quem na Terra pode dizer: "Eu sei tudo o que acontecerá comigo"? Impossível! Não sabemos nada sobre nós mesmos, por isso temos de pedir sabedoria para executar os planos que Deus tem para a nossa vida. Não saber sobre o futuro faz parte da nossa condição humana. Ser humano é saber que se deve planejar tudo, fazer bem o que nos cabe, mas reconhecer que, no fim das contas, estamos todos nas mãos de Deus. Confie... Entregue... Espere.

Não podemos, com nossa mente e nosso raciocínio, compreender os desígnios de Deus. Quem usa a razão e a inteligência de forma errada para tentar compreender o mistério, termina por se afastar dele. Às vezes nossa sabedoria e fé estão em aceitar que de Deus não sabemos quase nada, e assim nos entregarmos totalmente a Ele.

Cabe a nós entender a vida dentro de uma dinâmica da fé, assim teremos uma resposta para o desenrolar da existência. Jamais podemos perder a nossa fé, pois ela é a nossa única condição não para compreender, pois nunca compreenderemos o mundo e as coisas que acontecem nele, mas para aceitar os desígnios de Deus, nos quais a Cruz pode até estar presente por um momento, mas a ressurreição sempre vem no fim.

Então, que a minha fé em Deus não me permita estar aberto somente para a Cruz, o sofrimento e a dor, mas que me permita, sobretudo, estar aberto e desejar ardentemente a saúde, a paz, o equilíbrio, pois tudo isso também faz parte do desígnio de Deus.

94

SÁBIO É AQUELE QUE DESCOBRIU QUE ESTAR BEM É TER O ESSENCIAL PARA LEVAR A VIDA ADIANTE. YES!

Quantas vezes assistimos a brigas em família porque um dos membros deixa de ajudar nas despesas da casa. Em família, cada um deve fazer a sua parte, oferecendo sua contribuição para o bem comum.

No entanto, existe algo muito mais importante que dinheiro, contas, dívidas e herança: estar bem com as pessoas que amamos. Dinheiro e bens materiais não podem ser um fim em si mesmo. De que adianta esconder dinheiro debaixo do colchão se não se sabe se irá acordar no outro dia para gastá-lo? Homem sábio é aquele que descobriu que estar bem é ter o essencial para levar a vida adiante.

Deus chama de louco quem pensa estar seguro enchendo os celeiros de trigo (Lucas 12,13-21). Nossa vida, o tesouro mais precioso que temos, não nos pertence, mas a Deus. Portanto, o que temos de mais valioso não é nosso. Então, por que acumular bens na Terra e colocar o sentido da vida nos bens materiais se só temos a posse temporária das coisas?

Rico é aquele que confia em Deus e encontra tempo para fazer aquilo que é essencial: curtir a família, os amigos e o próprio Deus. Pobre é quem, ainda que tenha acumulado muitos bens, não sabe dar valor ao essencial, ou seja, às pessoas que ama. A riqueza que Deus oferece qualquer um pode alcançar. Reparti-la com os outros o máximo possível não nos deixa mais pobres; ao contrário, nos enriquece ainda mais.

Muitas vezes, para que tenhamos muitas coisas, o mundo pede a nossa alma. Deus também pede a nossa alma: não para explorá-la, como o mundo, mas para dar a ela a mais fina felicidade.

95

Rezar é bater um papo gostoso com Deus. Yes!

De forma simples, Jesus diz que rezar é conversar com Deus, falando sobre nós, nossos problemas, nossas dores e vitórias. Jesus sugere aos discípulos alguns assuntos para essa conversa. A primeira coisa é reconhecer Deus como um Pai amoroso. A segunda é pedir o pão. Além de ser Pai amoroso, Deus é também um Pai generoso. Pedir pão é pedir paz, felicidade, saúde e serenidade. A terceira coisa é pedir perdão, ou seja, reconhecer nossa fragilidade, saber que sem Deus não somos nada, e, por isso, assim como Deus nos perdoa, devemos também perdoar. Depois dos três "p", pai, pão e perdão, vem então um "t": tentação (Mateus 6,5-14).

Por que Jesus, Filho de Deus, também se submeteu à tentação do diabo? Acaso o diabo teria o poder de fazer Jesus cair em tentação — Jesus, que não tinha e não podia ter pecado algum — ? São Tomás de Aquino explica que Cristo se submeteu à tentação para nos mostrar que é possível, sim, não cair nas artes do Inimigo. Também para nos mostrar que é justamente no momento de maior fragilidade que ele nos tenta. Jesus foi tentado pelo Inimigo quando estava com muita fome e com muita sede no deserto. O diabo se oferece para transformar as pedras em pães. No momento mais difícil, ele se apresenta como uma falsa solução. É nesse momento que devemos olhar para o Céu.

Devemos pedir para que Deus nos livre da tentação; ou seja, devemos caminhar para a santidade, sabendo que ela rima com felicidade. Jesus quer deixar claro para os discípulos que, rezando, teremos a firme convicção de que Deus é um Pai que pode fazer tudo, até mesmo aquilo que é impossível para nós. Devemos pedir com uma fé teimosa, insistente, a ponto de "incomodar" Deus.

96

A precariedade e a solidão da vida humana são curadas quando a ovelha se deixa ser cuidada pelo Pastor. Yes!

Jesus Cristo usa uma bela comparação para falar do amor e da proteção de Deus para conosco. O pastor era uma figura muito importante para o povo de Israel, pois ele cuidava, protegia e fazia crescer suas ovelhas. Uma das primeiras imagens conhecidas de Jesus foi a que o representa como "bom Pastor".[14] No Antigo Testamento, já se falava de Deus como o bom Pastor, e no Novo Testamento Jesus Cristo vem representar com muita eficácia essa imagem. O próprio Jesus se denomina bom Pastor, um título messiânico que revelava o Messias que haveria de vir. Logo, Jesus, o bom Pastor, é também o verdadeiro Messias.

O Senhor fala da presença do lobo, que, pelo descaso do mercenário, ataca as ovelhas e as dispersa. No mundo em que vivemos, há muitos casos de ovelhas perdidas, de currais destruídos, de ovelhas morrendo à míngua, vítimas de lobos que estão à solta, fazendo o serviço dos mercenários. Mas quem são os lobos hoje e quem são os mercenários? Será que não chegou a hora de caminharmos tendo à frente não o mercenário, mas o bom Pastor?

O pastor conhece e ama suas ovelhas, conhece cada uma por seu nome. No tempo de Jesus, os pastores, ao cair da tarde, colocavam as ovelhas de vários rebanhos em um mesmo curral. Ao amanhecer, cada um que chegava chamava por suas ovelhas, e elas reconheciam a voz do pastor e saiam do curral. O Pastor conhece mais das ovelhas do que elas próprias. As ovelhas sabem pouco, mas o Pastor sabe tudo (João 10,1-18).

Para o pastor, o pior que pode acontecer com suas ovelhas é elas se perderem ou serem devoradas por algum animal selvagem. Aqui está a diferença entre o mau e o bom pastor: o mau pastor, quando as ovelhas estão em perigo, é o primeiro a fugir. Já o bom pastor é capaz de dar a própria vida pelo bem de suas ovelhas. Deus nos protege e dá a própria vida por nós: exatamente o que Jesus fez.

97

Entra, Senhor, na minha casa e na minha vida. Yes!

Jesus disse: "Não se perturbe o vosso coração. Crede em Deus, crede também em mim" (João 14,1). Ele está preocupado, pois sabe que a despeito de estar prestes a entregar a própria vida, ainda falta fé no coração dos discípulos. O primeiro a demonstrar isso é Tomé, que pede: "Senhor, não sabemos para onde vais. Como podemos conhecer o caminho?" (v. 5). Jesus então recorda a Tomé: "Eu sou o caminho, a verdade e a vida; ninguém vem ao Pai senão por mim. Se me conhecêsseis, também certamente conheceríeis Meu Pai; desde agora já O conheceis, pois O tendes visto" (vv. 6-7).

Filipe, outro dos discípulos, demonstra também uma fé fraca quando pede a Jesus: "Senhor, mostra-nos o Pai e isso nos basta" (v. 8). Essa atitude entristece profundamente o coração de Jesus. É quando Ele diz a Filipe: "Há tanto tempo que estou convosco e não me conheceste, Filipe! Aquele que me viu, viu também o Pai.

Como, pois, dizes: 'Mostra-nos o Pai?' Não credes que estou no Pai, e que o Pai está em mim? As palavras que vos digo não as digo de mim mesmo; mas o Pai, que permanece em mim, é que realiza as suas próprias obras" (vv. 9-10).

Tanto Tomé quanto Filipe estavam com Jesus, mas ainda não O haviam deixado entrar na história deles. Jesus era caminho, verdade e vida, mas não ainda para eles. Por quê? Porque faltava-lhes a fé. Eles estão na história de Jesus, mas Jesus não está na história deles. Ao contar a história de nossa vida, devemos perceber que em todos os momentos Deus esteve nela. Temos de contar nossa história com Deus, pois não podemos pensar que Ele esteve ausente durante todo esse tempo. Uma história com Deus certamente terá um final feliz.

O que devemos fazer, então? Abrir nossa história para Deus, escancarar as portas do nosso coração para Ele para que Ele faça nova todas as coisas! Esta é a única condição para meu sossego, minha serenidade e minha felicidade.

98

Abra sua casa e seu coração para Deus. Yes!

Certo fariseu convida Jesus para estar em sua casa. Ele não sabe ainda o que na verdade significa crer nEle. Por isso, a sua atitude com relação a Cristo é de desconfiança. Jesus acolhe o convite do fariseu. O Senhor é tranquilo, não tem esquemas, é transparente, livre e generoso. Se alguém convida, Ele vai. E não vai para ficar no canto, não. Ele vai e se coloca à mesa; quer participar. Nosso Deus não se coloca à parte da nossa vida, Ele não se coloca em um canto, mas quer participar da nossa vida e da nossa história.

De repente, uma mulher, pecadora, irrompe na casa. Ela se joga aos pés de Jesus e chora, exprimindo a dor que carrega em sua alma. Com lágrimas, lava os pés de Jesus, reconhecendo-O como o Deus da sua vida. Enxuga-os com seus cabelos, entregando a Jesus toda a vaidade que até aquele momento não lhe trouxera felicidade. Então, cobre os pés de Jesus de beijos, expressando o amor e o carinho que ela agora devotaria ao Deus da sua vida. Perfuma os pés de Jesus, mostrando que o considera Rei, Deus e Senhor.

Já o fariseu abriu sua casa para Jesus, mas não abriu seu coração. Aquela belíssima comunhão de Jesus com a pecadora não é feita pelo fariseu. Jesus está em sua casa, à sua mesa, comendo com ele, porém, ele não tem fé em Jesus, ele não acredita. Acomodado com os bens que possui, ele não tem espaço para reconhecer Jesus como o seu Rei; seu rei é o seu dinheiro e seus bens. Aquela mulher não tinha nada, mas, naquele momento, ela dá tudo o que tem a Deus: o próprio coração (Lucas 7,36-50).

Quem não reconhece que precisa do perdão e da misericórdia divina, ama pouco a Deus. A mulher reconheceu-se necessitada da misericórdia de Deus e sabia que sem Jesus ela não iria adiante.

99

Nossa conversão zera o cronômetro do pecado. Yes!

Deus não castiga: nesse ponto, Jesus é bastante claro. Os galileus assassinados por Pilatos não o foram por castigo divino, poderia acontecer com qualquer um. Aqueles que morreram por causa da queda da torre de Siloé, igualmente, não morreram por castigo de Deus. O que devemos fazer, segundo Jesus? Devemos nos converter para que o mesmo não aconteça conosco, ou seja, sermos apanhados de surpresa. Nossa conversão zera o cronômetro do pecado (Lucas 13,1-9).

A grande mensagem que Jesus veio nos revelar é que Deus tem o rosto de um Pai amoroso, generoso, capaz de fazer loucuras por amor a nós. Portanto, se Deus é um Pai infinitamente amoroso, Ele não poderia nos castigar. Tiremos da nossa cabeça e do nosso coração a imagem de um Deus cruel, vingativo, que paga cada ofensa recebida na mesma moeda. Esse não é o Deus de Jesus Cristo. O Deus de Jesus Cristo é amor e nada mais.

Se Deus não castiga, pois é amor, Ele também não permite que nada nos faça mal. Por isso, não precisamos ter medo de macumbas ou trabalhos espirituais. Nada disso pode nos fazer mal, a não ser que, aconselhados, o permitamos. Aquilo que me faz mal é o pecado que carrego no meu coração. Por isso Jesus diz "Convertei-vos" em várias passagens do Evangelho. Um trabalho espiritual não é capaz de derrubá-lo, mas, sim, o seu pecado. Uma vida pecaminosa mina nossas forças, tira-nos do bom caminho e dissipa nossas energias. Se deixo entrar na minha vida a inveja, a luxúria, o consumismo, a raiva e a ira, ela ficará totalmente desordenada e empacada. Por isso Jesus sugere a conversão.

Um caminho de conversão é um caminho de rejeição ao pecado; é um caminho no qual me esforço para não pecar, para não cair em tentação e no qual eu tento controlar a inveja e os ciúmes. Assim minha vida será ordenada pela Graça de Deus.

100

EXISTE UM ANTÍDOTO PODEROSO CONTRA O VENENO DA INVEJA, QUE CORRÓI A ALMA. YES!

Sentir inveja significa desejar aquilo que é do outro; odiar o outro porque ele possui aquilo que eu considero meu por direito, ainda que não o seja. Os objetos de inveja incluem os dotes físicos e intelectuais. A inveja é uma perturbação do espírito e, diferentemente dos outros pecados da carne, não provoca prazer a ninguém, nem à pessoa invejosa, muito menos à pessoa invejada. Não se trata de o invejoso ter sua vida transformada se destruir a causa da inveja; ao contrário, nada muda no mundo do invejoso, pois ele sente uma aguda sensação de inferioridade, comparando negativamente sua vida com a dos outros. O sentimento de inveja nutre-se a partir desse hábito de comparação. Sentindo-se diminuída, a pessoa termina por dar espaço à inveja.

No coração do invejoso misturam-se sentimentos como raiva, tristeza, ciúme e uma grande falta de paz. Ele não estará feliz enquanto não vir a ruína da pessoa invejada. A felicidade dos outros o fere e tortura sua alma. Uma antiga lenda conta que em uma bela manhã de primavera uma fada visitou um rapaz e lhe concedeu um único desejo. Ele poderia pedir qualquer coisa. Deveria, porém, ter a consciência de que aquilo que escolhesse para si valeria o dobro para o seu vizinho. Ou seja, se ele pedisse riqueza, seu vizinho estaria duplamente rico. Se quisesse muita saúde, seu vizinho viveria o dobro do tempo. O rapaz não pensou muito: pediu à fada que furasse um de seus olhos, assim, seu vizinho ficaria totalmente cego. É a inveja em todo o seu esplendor.

A solução mais eficaz contra a inveja é fazer um exame atento da própria realidade, tentando sempre alcançar, por meio do próprio esforço, o que se deseja para si; cultivar uma forte relação com Deus como condição de ter um espírito forte e saudável, um coração amoroso e, ao mesmo tempo, agradecer a Deus pelas próprias qualidades.

Agir com uma dose de generosidade é garantir um poderoso remédio para curar-se da inveja e cicatrizar as feridas do coração.

101

CUIDE DE SUA ALMA E SEU CORPO ESTARÁ BEM. YES!

Muitas vezes, passamos a considerar essencial o que é apenas acessório, e, o que é pior, acessório o que é essencial, gastando toda a nossa energia. Devemos constantemente nos perguntar em que devemos focar nosso amor e nossas capacidades; a resposta é, logicamente, no bem.

O anjo mau continua a nos seduzir e Deus continua nos perdoando e esperando que entendamos que nossa felicidade está em uma vida voltada para a prática do bem. Cada vez que pecamos, o Inimigo ganha uma batalha; aproximamo-nos dele e distanciamo-nos de Deus. Depois que Cristo venceu a morte, o Inimigo teve seu poder reduzido e hoje é como se fosse um leão amarrado. Só ataca e morde quem chega perto. Devemos fazer o possível para ficar longe do leão.

Nesse sentido, nosso foco não deve ser jamais ceder à tentação e contrariar a vontade de Deus para conosco, tornando assim o pecado presente em nossa vida. Cometer pecados não é necessário e nem essencial. Ao contrário, o pecado tem caráter acidental, ou seja, o seu grau de importância em si mesmo é irrisório. Em poucas palavras: o pecado não vale nada! Fazer o bem, isso, sim, é essencial! Eis uma receita de beleza que funciona: faça o bem! A beleza e o bem andam juntos. O bem é sempre belo. O belo é sempre um bem. Então, fazer o bem torna as pessoas bonitas. Quer ficar bonito sem botox, sem cirurgia? Faça o bem e prepare-se para os elogios.

Não precisamos treinar nosso coração para fazer o mal. Isso, infelizmente, ele faz sozinho, já que está marcado pela lei do pecado. Precisamos treinar nosso coração para praticar o bem. Treinar o coração para amar o próximo, que é tão difícil. Amar o próximo que é filho de Deus e, por isso, meu irmão.

102

Cuide da saúde do seu coração. Ame! Perdoe! Esqueça! Yes!

Os fariseus manipulavam as leis e as pessoas para fazer valer os próprios interesses, os quais não estavam dentro do pensamento de Deus. Filtravam um mosquito e engoliam um camelo, ou seja, apontavam o cisco no olho do outro, mas não se importavam com a trave no próprio olho. Eles viviam uma vida inautêntica, por isso eram denominados hipócritas por Jesus (Mateus 23)!

Uma vida sem autenticidade é falsa e insuportável para o coração humano, por isso, é inaceitável viver de forma errada, mas fingindo para as outras pessoas que estamos fazendo a coisa certa. Isso soa como no período do Brasil Colônia, quando imagens de santos eram utilizadas não para a devoção, mas para contrabandear pedras preciosas: os santos do pau oco. Portanto, viva com o máximo de verdade, já que o diabo é o pai da mentira.

O rio Tietê em São Paulo é considerado poluído por ser entulhado de coisas que cheiram mal. Nas condições do Tietê, tudo aquilo que está parado apodrece. Daí o mau cheiro. Também nós, se deixarmos no coração coisas paradas — ressentimentos, vingança, raiva —, elas apodrecem e adoecem nosso coração, exalando um mau cheiro espiritual. Ao passo que, se eu treinar meu coração para o amor, o perdão e a paz, ele começa a respirar de novo, a se oxigenar.

Vasculhe o que está no seu coração e se encontrar algo estragado — e se tiver amor por si mesmo —, tire-o.

103

A HUMILDADE CONQUISTA O MUNDO. YES!

"O Filho do Homem vai ser entregue nas mãos dos homens, e eles O matarão. Mas, três dias após Sua morte, Ele ressuscitará." (Mateus 17,22-23) Quando Jesus diz isso, os discípulos não percebem a profundidade dessas palavras. Por quê? Porque estão inebriados com o sucesso e com o próprio ego. Quem pensa ser o maior só consegue olhar em uma direção: para si mesmo. Jesus acaba de dizer uma coisa que transformará a vida dos discípulos e eles não percebem, querem saber qual é o maior. Quando os discípulos começam a discutir quem é o maior, eles simplesmente perdem o senso da realidade (Marcos 9,30-37 [Bíblia de Jerusalém]).

Não é errado querer o progresso, dando o máximo de si. Não é errado querer desenvolver talentos. Deus espera isso de nós. O problema é quando nos comparamos com o outro, que é exatamente o que os discípulos estavam fazendo. Eles queriam saber quem era o maior dentre eles. Jesus não faria a eles nenhuma crítica se eles quisessem dar o melhor de si. O problema é quando eles começam a se comparar e, nessa comparação, colocarem-se como maiores, não como aqueles que servem, mas que são servidos.

A obsessão por ser superior anda junto com a mentira. Como é impossível alguém ser superior sempre, começa, então, a mentir e a falsear. Porém, Deus resiste aos soberbos e dá a graça aos humildes. Enfrenta-se a soberba colocando diante dela a humildade. Nada quebra a alma da pessoa que é humilde. Em um quadro belíssimo de Caravaggio, no qual o artista pinta Davi derrotando o gigante Golias, ele escreveu na espada de Davi: “A humildade conquista o mundo.” Davi era bem menor que Golias, mas, na sua pequenez, derrotou o maior. Em um mundo que nos diz “seja grande, seja o máximo, destaque-se”, Deus nos diz “seja o menor, seja aquele que serve”.

A pessoa humilde é forte porque é flexível. O vento forte pode derrubar a árvore mais resistente da floresta, mas não pode derrubar uma vara, que é flexível, pois ela se dobra. Ser humilde é saber se dobrar na hora certa.

104

É NA FRAQUEZA QUE A FORÇA SE MANIFESTA. YES!

O povo de Nazaré não reconheceu Jesus quando Ele retornou ao local porque Ele se apresentou simples e muito pobre. Imagine se Aquilo era um Messias que se apresentasse! Julgando Jesus pela aparência, esqueceram-se da sua essência — Filho de Deus. Talvez, se Jesus passasse hoje por nós, não O reconheceríamos porque Ele vem na simplicidade.

Jesus, retornando à Sua cidadezinha natal, mostra-nos que é um Deus próximo. Um Deus que está conosco, de fato, Emanuel. O ar que respiramos é muito próximo a nós, sem ele morreríamos em alguns minutos. O ar é tão próximo que até parece que não está presente. Assim é Deus. Tão próximo, tão junto a nós, que às vezes não damos a mínima para Ele. Mas, quando a vida fica difícil, Deus é o ar de que precisamos para passar pelos momentos difíceis. Estamos imersos, mergulhados na presença de Deus em nossa vida, mas ao mesmo tempo corremos o grande risco de não perceber essa grande graça.

Porque Jesus mostrou-se aparentemente fraco, os nazarenos não O aceitaram. Deus, porém, se fez pobre para nos enriquecer com Sua pobreza. Ao apóstolo Paulo ele diz: "Basta-te minha graça, porque é na fraqueza que se revela totalmente a minha força" (2Coríntios 12,9). Na fragilidade de Paulo revela-se a força de Deus; na fragilidade de Jesus de Nazaré revela-se a força do Filho de Deus, que passou despercebido pela falta de fé dos Nazarenos (Mateus 13,53-58).

Não se pode querer um Deus ao nosso gosto, como queriam os Nazarenos. Isso é limitar o mistério de Deus, diminuindo-O e fazendo-O à nossa medida. É preciso saber que a nossa fragilidade é campo para que a graça de Deus possa se manifestar e impulsionar a nossa vida.

105

Vemos Deus, o essencial em nossa vida, com o coração e com a fé. Yes!

Só conhecemos Deus porque Ele assim o quis, Ele se revelou. Por isso a Igreja diz que a fé é um dom de Deus. Nossa fé depende de Deus, pois Ele se revela primeiro. É claro que depois temos de caminhar e progredir na fé, mas quem liga o botão é Deus. Deus é invisível. Deus se vê com os olhos do coração, que é o lar da fé. E por que Deus se revela à humanidade e a cada homem? A resposta é simples e ao mesmo tempo profunda: porque Deus nos ama.

Se Deus é assim, todo amor e presença, o que devemos fazer para retribuir? A resposta já deveríamos saber: ter fé! Pela fé o homem submete completamente sua inteligência e sua vontade a Deus. Inteligência e vontade são duas coisas que definem o ser humano. Não se trata de uma fé frágil, mas vigorosa, com todo o seu ser. Enfim, assim como Deus se dá por inteiro ao ser humano, nós também devemos dar-nos por inteiro a Deus, com todo o nosso ser.

> Ao Deus que nos convida para estarmos com Ele, nossa resposta é um grande sim, dado com a razão, com o coração, com todo o nosso ser; enfim, com a nossa fé.

106

Ter fé é querer acreditar. Yes!

Qual é o grande inimigo da fé? A dúvida. Em uma igreja de uma cidade na Itália chamada Bolsena, certa vez um padre teve dúvidas se Jesus Cristo estava realmente presente na Eucaristia. Devemos ter fé na presença real de Jesus Cristo na Eucaristia. É o que chamamos do Milagre da Transubstanciação, ou seja, em cada missa, no momento da consagração, acontece um grande milagre. O pão torna-se o corpo de Cristo, e o vinho passa a ser Seu sangue, por isso transubstanciação. Pois bem, e aquele padre tinha dúvidas se isso realmente acontecia. Enquanto celebrava a missa com essas dúvidas em seu coração, a hóstia em suas mãos se transformou em carne viva e dessa carne começou a brotar sangue. Esse fato é conhecido como o Milagre de Bolsena.

Nosso compromisso é progredir na fé e não deixar a dúvida assaltar o nosso coração. Ter fé é querer acreditar. O padre de Bolsena tinha dúvidas, mas queria muito acreditar. Por fim, o milagre aconteceu.

A falta de fé reduz o meu mundo à mais pura materialidade, a uma objetividade completamente vazia onde eu conto apenas com as minhas forças. Uma fé firme amplia e expande a realidade. Com um coração cheio de fé, se é mais forte!

107

O RIO É A VIDA; AS PEDRAS, OS OBSTÁCULOS; A TÁBUA É A SUA FÉ E A ROCHA FIRME É DEUS. YES!

Tornou-se célebre na história da filosofia o assim chamado Deus de Aristóteles. O filósofo grego, usando apenas de sua razão, chegou a uma imagem de Deus a quem ele deu o nome de "Motor Imóvel". O que pensa o "Motor Imóvel"? Pensa ele mesmo, pois não pode pensar algo menos perfeito, pois assim seria menos Deus. Portanto, um Deus pensado assim é um Deus distante das vicissitudes humanas.[15] O nosso Deus não é indiferente. Ele se importa. É por isso que o profeta Isaías proclama com tanta beleza e com tanta poesia: "O Senhor veio, pois, e as montanhas se derreteram diante dele. Nunca se ouviu dizer nem chegou aos ouvidos de ninguém, jamais olhos viram que um Deus, exceto tu, tenha feito tanto pelos que nele esperam" (Isaías 64,3). Mandar o Seu próprio filho? Abandonar o próprio Céu? Por que Ele fez tudo isto? Porque é pura graça. Ele faz tudo isso de graça; não é por nossos méritos, a iniciativa é toda dEle. Graça que Deus nos concedeu em Cristo, e nEle somos enriquecidos em tudo! Eis o que festejamos: um Deus que nos acompanha por puro amor!

Imagine um rio de forte correnteza, e você, por fatalidade, está quase se afogando nele. O que o sustenta é uma pequena tábua que você agarra com todas as suas forças. Depois de se desviar das perigosas pedras do caminho, de se debater aqui e ali, de ter exaurido as suas forças, você consegue chegar à margem. O rio é a vida; as pedras, os obstáculos; a tábua é a sua fé e a rocha firme é Deus. Devemos compreender que Deus é a rocha firme de nossa vida.

108

Nas frases de Jesus, na Sua Palavra, nos Seus gestos, na cura operada em Bartimeu, vemos a ação do Deus do impossível. Yes!

Ao encontrar o cego Bartimeu pedindo Sua cura, Jesus pronunciou três fortes expressões imperativas: "Chamai-o" (Marcos 10,49); "Que queres que te faça?" (v. 51); "Vai, a tua fé te salvou" (v. 52). Três expressões do cego despertam a atenção do Senhor: "Jesus, Filho de Davi, tem piedade de mim!" (Lucas 18,38); "Filho de Davi, tem piedade de mim!" (v. 39); "Senhor, que eu veja!" (v. 41).

Nas falas do cego Bartimeu vemos uma fé que suplica, pede, implora, grita, não obstante a todas as dificuldades. As pessoas querem impedi-lo de gritar, mas ele teima e grita ainda mais forte, pois sabe que sua cura será proporcional à sua fé.

Nas frases de Jesus, na Sua Palavra, nos Seus gestos, na cura que realiza em Bartimeu, vemos a ação do Deus do impossível. Ao devolver a visão ao cego, Jesus realiza aquilo que é impossível, ou seja, um grande milagre. De certa forma, Bartimeu havia compreendido que não se deve acreditar quando falarem que algo é impossível, mas, sim, acreditar com toda a força que Deus faz em nossa vida o impossível acontecer.

A fé é para quem não se conforma com o rumo que a vida está tomando. O cego Bartimeu estava inconformado com sua situação, com a sua cegueira, ele queria enxergar e sabia que Jesus poderia fazer isso acontecer. Assim, ele se configura como um modelo de fé para todos nós, para que não fiquemos jamais desanimados no meio do caminho, mas para que tenhamos a fé necessária para não cairmos em dúvidas que envenenam e enfraquecem nossa fé.

109

Pedir e dar perdão é uma das bases e fundamentos da família. Yes!

Um casal do nosso tempo talvez se acusaria mutuamente e não perdoaria um ao outro se passasse pelo grave problema que atingiu a família de Nazaré. Em uma caravana que retornava de Jerusalém, Jesus simplesmente desaparece, ainda que estivesse junto de seus pais (Lucas 2,41-52). Isso poderia ser o estopim para uma briga nestes termos:

— Maria, já falei várias vezes para não tirar os olhos de Jesus.

— José, você só fica conversando com os seus amigos e deixa tudo por minha conta!

— Fala a verdade, Maria, você passa o dia inteiro ao telefone.

— O que é isso, José? Eu tenho de lavar, passar, arrumar a casa e nem cuidar de Jesus direito você consegue?

Mais uma daquelas discussões intermináveis que conhecemos tão bem. Mas, entre Maria e José, as responsabilidades eram divididas e, juntos, conseguiram resolver aquele grave problema. Eles souberam manter a família de pé, sobretudo porque se amavam. É o que precisamos fazer para que também a nossa família permaneça de pé: amar e pedir perdão.

Uma família se enfraquece se seus membros não se perdoam. Conheci uma mãe que há dois anos não falava com a filha, mesmo vivendo juntas na mesma casa. Aquela mãe só fazia chorar, pois sentia o muro da falta de perdão separando-as. Quando o perdão é verdadeiro, imenso é o seu efeito sobre quem o pede e quem o concede. Pedir perdão não é fácil, concedê-lo também não o é. Nem por isso devemos ceder ao ódio e ao espírito de vingança direcionado aos nossos familiares. Dar e receber perdão oxigena o ar que é fundamental para a sobrevivência da família.

Quer transformar a vida de alguém? Ame e perdoe. Quer que uma pessoa permaneça errando? Comece a criticá-la. Há pessoas que fazem questão de matar as relações familiares com críticas duras feitas na pior hora possível. É como se jogassem limão em uma ferida ainda aberta. Arde ainda mais e não cicatriza. Não há relação familiar que resista à crítica e à humilhação.

110

Ele criou tudo do nada... por amor! Yes!

Lawrence Krauss, cosmologista norte-americano, uma das mentes mais festejadas da atualidade, afirma que Deus se tornou redundante, ou seja, com Deus ou sem Deus, é tudo a mesma coisa. Ele diz ainda que postular a existência de Deus não passa de preguiça intelectual de quem é religioso! Não satisfeito, ele decreta que a ciência finalmente chegou ao ponto de poder explicar a criação do universo a partir do nada; tudo é obra do mero acaso.[16]

Mas, para o grande filósofo medieval Santo Tomás de Aquino, é perfeitamente possível demonstrar a existência de Deus utilizando-se da razão humana. As provas de Tomás de Aquino, chamadas de Cinco Vias, partem sempre da imperfeição que afeta todo o mundo criado. Tomás se pergunta sobre a causa dessa imperfeição e, investigando a fundo, sabe que não pode continuar se perguntando sempre. Ele chega, então, à conclusão de que somente uma causa necessária é capaz de interromper o eterno questionamento sobre a imperfeição do mundo. Essa causa necessária é aquilo a quem as pessoas dão o nome Deus!

Ainda assim, Lawrence Krauss não depõe as armas: ele sustenta que Deus não serve para explicar a origem do universo, pois, segundo ele, não havia nada no universo, apenas partículas de energia. Mas, alto lá! Isso já é alguma coisa, certo? Quem criou essas partículas? Isso ele não responde. Uma das vias que São Tomás de Aquino usa para demonstrar a existência de Deus é a chamada "causalidade eficiente". Essa via procura explicar o "começar a ser", o iniciar das coisas, tal como uma planta, um animal e o ser humano, pois nós não existimos desde sempre, antes não éramos e agora somos. Logo, é necessário afirmar uma causa primeira, "não causada", a quem chamamos Deus. E isso vale também para as partículas de energia que Lawrence Krauss, erroneamente, considera serem nada.

> Pensando Deus tanto pela fé quanto pela razão, evitamos cair no simplismo daqueles que acreditam, e por isso acham tudo possível, e daqueles que não acreditam, e por isso acham tudo impossível.

111

A VIDA? É BONITA, É BONITA E É BONITA! YES!

Em que momento da história o direito à vida deixou de ser fundamento absoluto para a sociedade humana? Parte da culpa desse "esquecimento do humano" cabe, sem dúvidas, à filosofia moderna de estampa materialista e ateísta. Para essa linha filosófica, que de certa maneira inaugurou a modernidade, o homem é um ser material, o produto mais elevado da evolução da matéria e nada mais. Não existe uma essência (Deus) que o precede, ao contrário, ele está condenado à existência, completamente solitário em um mundo inóspito. Nessa visão, não existe o mínimo espaço para o transcendente, nenhuma fresta por onde Deus possa entrar. O homem perde seu patrocínio, pois, segundo Nietzsche, Deus está morto.

A partir do momento em que a filosofia moderna "tira Deus da jogada", acaba tirando também o fundamento da dignidade humana. O valor do homem brota da sua participação no Ser de Deus. Entre todas as criaturas, o homem é o que participa desse Ser com mais intensidade. Ora, a grandeza de qualquer ser humano, independentemente de raça, sexo ou condição social e cultural, é ser imagem de Deus (*imago Dei*). O que define o homem é sua semelhança com o Criador. Somente o homem é *capax infiniti*, ou seja, capaz de Deus! Mas em que fundamentar o humano se o divino está morto? Com o intuito de abater Deus da consciência humana, negando-O para afirmar o homem, terminou-se por matar a própria identidade ontológica do homem, e eis que surge no cenário uma completa relativização da vida: abortos, assassinatos, suicídios, violência, eutanásia, clonagem, miséria. Torna-se urgente retornar a um paradigma universal que garanta a dignidade do ser humano e proteja a vida de tudo aquilo que a ameaça.

Não obstante o materialismo e o secularismo dos tempos modernos, parece-me que, ao final, Deus sempre se impõe, para o bem do próprio homem.

112

Correr com fé. Yes!

Acompanhando os Jogos Olímpicos de 2012, vi que a atleta da Etiópia Meseret Defar, ao cruzar em primeiro lugar a linha de chegada da corrida dos cinco mil metros, sacou do peito uma belíssima imagem da Virgem Maria e o Menino Jesus e, mostrando-a para as câmeras de televisão, beijou-a em meio às lágrimas, dedicando à Nossa Senhora a medalha de ouro conquistada. Naturalmente, a imagem correu o mundo, pois fazia ver como a fé intensa pode fazer a diferença nos momentos mais cruciais da vida.

Quando deixamos a dúvida assaltar nosso coração, ficamos cegos à presença de Deus em nossa vida. Se a fé amplia nossa existência e nos ajuda a nos mover na esperança, a dúvida, de forma contrária, reduz nossa vida, imobilizando-nos pelo medo. A falta de fé não nos permite ver o essencial à vida, que é invisível aos olhos.

Meseret Defar, a corredorora campeã, nos ensina que nas provas da vida devemos ter sempre Deus conosco. Ela correu cinco mil metros com Maria e o Menino Jesus no peito, um sinal de que devemos correr a vida inteira levando Deus em nosso coração. Ao final da corrida, vendo-a segurando a imagem, me perguntei: "Como ela pôde fazer toda a corrida levando aquela imagem no peito?" A resposta brotou automática: "Quando se tem fé, dá-se um jeito para tudo..."

113

Livrai-nos da ira. Yes!

Quem de nós já não foi possuído pela ira? Quem um dia não desejou a destruição completa de um inimigo? Mesmo em meio à nossa família, somos capazes de nos irar com algum membro. Palavras mal ditas são proferidas em um momento de discussão familiar quando a ira toma conta, sendo quase impossível depois voltar atrás, já que sementes da destruição e da desagregação foram lançadas. Quando o arrependimento chega, pode ser tarde demais.

Aristóteles define a ira como um forte desejo de vingança acompanhado de uma dor na alma por alguma ofensa cometida contra nós.[17] Certa vez, um filósofo, querendo castigar seu discípulo por uma falta que o havia irritado, pegou uma vara de marmeleiro para bater no rapaz. Vendo a vara, o rapaz disse ao seu mestre: "Mas o que o Senhor pretende fazer?" "Vou bater em você como castigo!", disse o mestre. Ao que o rapaz devolveu: "O Senhor deveria castigar a si mesmo, que perdeu toda a paciência com um simples rapaz!"

"É verdade", disse o mestre em lágrimas. "Você tem razão: pegue a vara e me castigue pela minha impaciência."

Talvez nos ajude o exemplo de Sócrates, que, quando percebia que a ira estava tomando conta do seu ser, abaixava a voz, sorria e rendia seu olhar mais gentil, ou seja, jogava a água da serenidade no fogo da ira. Aqui serve até o PHN** da ira. Ao se levantar da cama para enfrentar todo um dia de trabalho, trânsito e relacionamentos, diga para si mesmo: "Só por hoje eu não deixarei a ira tomar conta do meu coração." Viva em paz.

O grande remédio para conter a ira é ter um coração manso, paciente e tolerante. Aprenda a viver com bom humor, pois ele esfacela a seriedade da ira. Controlar a ira significa ter autodomínio. Permita que nessas situações de conflitos e desencontros a razão fale mais alto que a emoção.

** PHN (Por Hoje Não Vou Mais Pecar). Título de programa exibido pela TV Canção Nova e campanha entre os cristãos.

114

Na razão humana brilha a luz de Deus. Yes!

Há pessoas que acreditam que as dificuldades pelas quais passamos são um castigo de Deus. Há ainda os que pensam que, porque os avós, os bisavós, os trisavós cometeram erros, agora estão recebendo de Deus os castigos pelos erros cometidos por seus antepassados. Ora, isso é irracional, um grande equívoco. Deus seria o maior injusto de todos os tempos se descontasse em você algo de que você não tem a mínima culpa. Faz-se necessário consultar a si mesmo, procurando as causas de seus infortúnios, e não cair na tentação de procurar um "bode expiatório".

O filósofo de origem hebraica Baruch Spinoza faz uma forte crítica às emoções e considera que aqueles que se pautam pelas paixões dependem mais dos caprichos da sorte do que do próprio esforço. Segundo Spinoza, o homem precisa se libertar de todo um mundo exageradamente emotivo e irracional, dominado pelas paixões, lançando mão do uso equilibrado da razão. Spinoza fala de um "sistema adequado" e de um "sistema inadequado". O homem que vive sob a égide do "sistema adequado" já encontrou a sua força pessoal: é alegre e contente. Aquele que vive no "sistema inadequado" é ainda frágil, erra sempre e é extremamente melancólico.

O filósofo acredita que quem é escravo dos afetos, das emoções e dos sentimentos está no sistema inadequado: é fraco e triste, visto que não consegue dominar as suas emoções. Estar em um sistema adequado é saber as causas, o porquê das coisas acontecerem na própria vida. Quem não tem consciência dessas causas é conduzido por paixões que escravizam, e por isso sofre. Spinoza aconselha ao homem que deseja ser feliz viver a vida no "sistema adequado", isto é, valer-se da sua autonomia, ser o senhor dos seus desejos e das suas vontades e não se deixar dominar pelas paixões. Agindo assim, ele jamais se servirá da religião para se eximir de suas responsabilidades, transferindo suas culpas para um passado do qual não pode se defender.[18]

O homem autônomo, iluminado pela luz da razão, sabe aonde quer chegar e sabe utilizar os meios adequados para conseguir seu intento.

115

CRER PARA VER; NÃO O CONTRÁRIO. YES!

Tomé entra para a história como um homem que não tinha uma fé robusta. Ele preferia ver para crer, e não crer para ver. No palco do seu coração havia uma grande disputa entre a credulidade e a incredulidade, a esperança e o desespero, a fidelidade e a infidelidade, a confiança e a desconfiança. Tomé é o primeiro a querer morrer com Jesus em Jerusalém e também é para ele que Jesus responde ser o caminho, a verdade e a vida. Apesar de todo o seu amor e toda a sua dedicação a Jesus, Tomé não consegue acreditar que Ele ressuscitou. É demais para ele. É demais para a sua razão.

A hipótese da imortalidade, de uma vida para além desta, de certa forma é insustentável para a razão humana, que quer primeiro verificar e experimentar para só depois acreditar. Mas o discípulo incrédulo é recriminado por Jesus, que diz: “Creste, porque me viste. Felizes aqueles que creem sem ter visto!” (João 20,29).

Porém, Tomé também entra para a história como o primeiro que reconhece Jesus como Senhor e Deus ressuscitado! Na sua fé imperfeita, consegue ver o essencial: Deus presente em sua vida.

Somos todos como Tomé: a luz da nossa fé não é luz de holofote que ilumina tudo, porém, artificialmente; mas é luz de vela, bruxuleante, iluminando aqui e ali, quase apagando, mas acendendo de novo. No entanto, permite que, aliviados, possamos compreender que, na imensidão do universo, jamais estamos sozinhos. Ele está no meio de nós! Sim!

REFERÊNCIAS BIBLIOGRÁFICAS

1. LEIBNIZ, Gottfried Wilhelm. *Ensaios de Teodiceia*. São Paulo: Editora Estação Liberdade, 2013.
2. *L'Osservatore Romano*. Edição semanal em português, número 12, 19 de março de 2011, p. 6-7.
3. AQUINO, Tomás de. *Suma Teológica, v. I, q. 20, a. 1*. São Paulo: Edições Loyola, 2001.
4. Homilia do Santo Padre Francisco. Paróquia de Santana no Vaticano. Disponível em: <http://w2.vatican.va/content/francesco/it/homilies/2013/documents/papa-francesco_20130317_omelia-santa-anna.html>.
5. EPICURO. *Carta sobre a Felicidade*. São Paulo: UNESP, 1999.
6. AQUINO, Tomás de. *Suma Teológica, v. III, q 1-5*. São Paulo: Edições Loyola, 2001.
7. SANTO AGOSTINHO. *Comentário à primeira carta de João*. Roma: Città Nuova, 2005.
8. DE BONI, Luiz Alberto. *Filosofia Medieval – Textos*. Porto Alegre: EDIPUCRS, 2005.
9. SANTO AGOSTINHO. *Confissões*. Milão: Bompiani, 2012.
10. AQUINO, Tomás de. Suma Teológica (v. I, q. 63, a. 6. São Paulo: Edições Loyola, 2001.
11. AQUINO, Tomás de. Suma Teológica, v. I, q. 63, a. 3. São Paulo: Edições Loyola, 2001.
12. Discurso do santo padre durante a visita ao campo de concentração de Auschwitz-Birkenau. Disponível em: <http://w2.vatican.va/content/benedict-xvi/pt/speeches/2006/may/documents/hf_ben-xvi_spe_20060528_auschwitz-birkenau.html>.
13. AQUINO, Tomás de. *Suma teológica, v. I. Questão* 3, *Artigo* 3. São Paulo: Edições Loyola, 2006.
14. Le riviste San Paolo. Disponível em: http://www.stpauls.it/vita/1207vp/dossier.htm.
15. ARISTÓTELES. *Metafísica, Livro XII*. Bompiani, Milão, 2004.
16. KRAUSS, Lawrence. *Deus se tornou redundante*. *In*: Revista Época, 4 de abril de 2012.
17. ARISTÓTELES. *Etica Nicomachea*. Milão: Editora BUR, 2007.
18. SPINOZA, B. *Etica*. Milão: Bompiani, 2007.

Publisher
Kaíke Nanne

Editora executiva
Carolina Chagas

Coordenadora geral Petra
Maristela Ciarrocchi

Coordenadora de produção
Thalita Aragão Ramalho

Produção editorial
Marcela Isensee

Copidesque
Fernanda Silveira

Revisão
Luiz Werneck
Samuel Gonçalves

Diagramação
Julio Fado

Capa
Maquinaria

Este livro foi impresso no Rio de Janeiro, em 2015,
pela Edigráfica, para a Petra Editora.
A fonte usada no miolo é Electra, corpo 12/17.
O papel do miolo é Chambril Avena 70g/m², e o da capa é cartão 250g/m².